先生、あなたのきっかけここにあります！

明日から使える "64の資質・能力"

21世紀型スキル
指導力
アンテナ
つながり

企画力
人間性
言語力
環境づくり

田中滿公子 代表
荒木靖子／北谷晃久／古賀真也
阪下 司／里見拓也／城台祐樹

一莖書房

はじめに

　教師教育にかかわる者として、グローバル時代の教師がもっておくべきベクトルを創りだし、「求められる資質・能力」を視覚化、構造化、意義づけをし、教育にかかわる方々や教師をめざす学生のみなさまにわかりやすく伝えることができればと考え続けてきた。
　そのヴィジョンが、形になったのが本書である。10年前は個人のヴィジョンであったが、今では同志ができた。大阪教育大学連合教職大学院で出会った現職教員の6名である。現在は、ともにチーム「行き当たりバッチリ」を結成し、研究と実践を継続している。メンバーは大阪府下の小学校、中学校、高校の教員と管理職、自治体教育センターの指導主事である。校種も職階も担当教科も所属する自治体も異なる。多様な視点で議論し、グローバル教師の解像度を上げていった。
　さて、2021年、メンバーで「グローバル教師に求められる資質・能力」を明らかにするために、まずマンダラチャートを活用した。想像していた以上に時間を要したが、8つの領域と64の資質・能力を構造化、視覚化することができた。また、そのプロセスにおいて、教師がもっておくべきベクトルが徐々にそろっていった。更に、「パターン・ランゲージ理論」（クリストファー・アレグザンダー　1977）を参考に、読者が、学校現場の課題、課題の根っこにある教員のマインドセット、課題を根っこから解決するための秘訣と、具体的なアクションへと視線を向けることができるように流れをつくった。この流れは、多様な経験知と大学院での学びをもとに創りだしていったことは言うまでもない。完成時に「自分が考えていることを素直に表現でき気持ちよかった」「ワイワイ言いながら、ときには壁にぶつかりながらも開発していくことは愉しかった」という声が聞かれ、心理的安全性の高い、エッジの効いた議

論が展開されていたことが読み取れた。(第1部、第2部参照)

その後3年間で、チームで高校生からスクールリーダーまで幅広い対象者に授業やワークショップを実施する機会は15回を超えた。資質・能力のカードも64枚作成し、ワークを一層活気づけた。並行して国内外の学会で報告をする機会ももち、ワークショップや資質・能力を再検討し、まとめたのが本書である。(第3部参照)。

現在の日本の学校現場に目を向けると、教育が大きく動いているのを痛感する。そこには、子どもたちが未知なる時代を生き抜くために変化することを迫られながらも、日本が重視してきた知・徳・体を一体とした教育の実現を内発的動機とし、学校教育に対する価値観の変容や働き方改革という新たな課題に直面している学校や教師の姿がある。本書が、このように日々奮闘されているみなさまの少しでもお役に立つことができれば、私たちにとりこれ以上の喜びはない。

最後になるが、チームの研究や実践に対して、教育センターの指導主事のみなさま、小学校、中学校、高校の教員のみなさま、あるいは大阪教育大学の教授陣や事務のみなさまなど、多くの方々からご支援やご指導、励ましをいただいた。とくに柏木賀津子教授(元大阪教育大学　四天王寺大学)からは、開発の当初からご指導をいただいた。みなさまに心より感謝の意を表する。

注)　本書はテキスト「なにわのグローバル教師に求められる資質・能力2021」をもとに、加除加筆した。

2025年3月11日

チーム「行き当たりバッチリ」
代表　田中　滿公子
(元大阪教育大学特任教授)

目 次

はじめに 2

第Ⅰ部　明日から使える"64の資質・能力"フレームワーク

マンダラチャート 8
ページの説明 11
活用について 13

第Ⅱ部　明日から使える"64の資質・能力"開発シート

第1章　21世紀型スキル

21世紀型スキル 16
01　情報リテラシー 18
02　批判的思考力 20
03　論理的思考力 22
04　創造性 24
05　学び続ける力 26
06　レジリエンス 28
07　メタ認知 30
08　ラテラルシンキング 32

第2章　指導力

指導力 34
09　説明する力 36
10　説明しない力 38
11　信じて待つ 40
12　個別最適化 42
13　一貫性 44
14　ファシリテーション 46
15　メタファシリテーション 48
16　問いのデザイン 50

第3章 アンテナ

- アンテナ ······ 52
- 17 異文化 ······ 54
- 18 子どもの流行 ······ 56
- 19 大人の流行 ······ 58
- 20 マスメディア ······ 60
- 21 現状 ······ 62
- 22 学術論文 ······ 64
- 23 書籍 ······ 66
- 24 SNS ······ 68

第4章 つながり

- つながり ······ 70
- 25 卒業生 ······ 72
- 26 教員 ······ 74
- 27 行政 ······ 76
- 28 企業 ······ 78
- 29 コミュニティ ······ 80
- 30 小中高大 ······ 82
- 31 保護者 ······ 84
- 32 地域 ······ 86

第5章 企画力

- 企画力 ······ 88
- 33 WIN-WIN ······ 90
- 34 出口を固める ······ 92
- 35 デザイン思考 ······ 94
- 36 カリマネ ······ 96
- 37 手段≠目的 ······ 98
- 38 大きな絵 ······ 100
- 39 リサーチ／ニーズ ······ 102
- 40 ユーモア ······ 104

第6章 人間性

- 人間性 ······ 106
- 41 タスケテ ······ 108
- 42 アイデンティティ ······ 110

43 自他尊重 ……………………………… 112
44 限界を決めない ……………………… 114
45 自己肯定感 …………………………… 116
46 根拠のない自信 ……………………… 118
47 柔軟性 ………………………………… 120
48 マインドフルネス …………………… 122

第7章 言語力

言語力 …………………………………… 124
49 ナラティブアプローチ ……………… 126
50 外国語力 ……………………………… 128
51 要約力 ………………………………… 130
52 伝える力 ……………………………… 132
53 聴く力 ………………………………… 134
54 説得ではなく納得させる力 ………… 136
55 読む力 ………………………………… 138
56 書く力 ………………………………… 140

第8章 環境づくり

環境づくり ……………………………… 142
57 心身の健康 …………………………… 144
58 ゼニ …………………………………… 146
59 ICT …………………………………… 148
60 NO残業 ……………………………… 150
61 心理的安全性 ………………………… 152
62 (笑) …………………………………… 154
63 学びの機会 …………………………… 156
64 ユニバーサルデザイン ……………… 158

第Ⅲ部 明日から使える"64の資質・能力"ワークショップデザイン

実録！ なにぐろワークショップ ……………… 162

参考になる文献 ………………………………… 172
メンバー紹介 …………………………………… 176

第Ⅰ部

明日から使える
"64の資質・能力"
フレームワーク

マンダラチャート

情報リテラシー	批判的思考力	論理的思考力	説明する力	説明しない力	信じて待つ	異文化	子どもの流行	大人の流行
ラテラルシンキング	21世紀型スキル	創造性	問いのデザイン	指導力	個別最適化	SNS	アンテナ	マスメディア
メタ認知	レジリエンス	学び続ける力	メタファシリテーション	ファシリテーション	一貫性	書籍	学術論文	現状
心身の健康	ゼニ	ICT	21世紀型スキル	指導力	アンテナ	卒業生	教員	行政
ユニバーサルデザイン	環境づくり	NO残業	環境づくり	グローバル教師	つながり	地域	つながり	企業
学びの機会	（笑）	心理的安全性	言語力	人間性	企画力	保護者	小中高大	コミュニティ
ナラティブアプローチ	外国語力	要約力	タスケテ	アイデンティティ	自他尊重	WIN-WIN	出口を固める	デザイン思考
書く力	言語力	伝える力	マインドフルネス	人間性	限界を決めない	ユーモア	企画力	カリマネ
読む力	説得ではなく納得させる力	聴く力	柔軟性	根拠のない自信	自己肯定感	リサーチ/ニーズ	大きな絵	手段≠目的

マンダラチャートとは

　マンダラチャートはアメリカ合衆国MLBで活躍中の大谷翔平選手が花巻東高校時代に作成し、使用していたことで有名になった。マンダラチャートという名前は、仏教の曼荼羅（まんだら）に由来している。曼

荼羅とは、密教の世界観を表した図像で、中心に仏や菩薩を配置し、周囲にその教えや法則を象徴する色や形を描いたものである。マンダラチャートも、中心に目標を置き、周囲にその目標に関連する要素を書き込むことで、全体像を把握することができる（「マンダラチャート」は、一般社団法人マンダラチャート協会の登録商標である）。

マンダラチャートのつくり方
　マンダラチャートは、9×9の81マスで構成され、複雑なテーマや目標に対して、詳細な分析や計画を立てるのに適している。まず、縦9つ、横9つの合計81個のマスをつくる。次に、中央のマスに最終的に成し遂げたい目標を書き込む。それから、中央のマスを取り囲むように周囲の8つのマスに、目標達成のために必要な要素を書き込む。更に、1行離れた8つのマスにも、同じ要素を転記する。最後に、それぞれの要素を取り囲む白地のマスに、その要素を得るための行動目標を書き込んでいき、完成させる。マンダラチャートをつくることで、目標がはっきりと見えるようになり、それに到達するために必要な要素や行動が明確になるのだ。

本書で作成したマンダラチャート
　本書では、最終目標を「グローバル教師」とし、その達成に必要な8つの要素（本書では「資質・能力」と呼ぶ）を、「21世紀型スキル」「指導力」「アンテナ」「つながり」「企画力」「人間性」「言語力」「環境づくり」としました。更にその目標を達成するため64の要素を掲げたのだが、特筆すべきはその守備範囲の広さだ。「ゼニ」「タスケテ」「（笑）」といった"なにわ感の濃いもの"から、「メタファシリテーション」「デザイン思考」「ナラティブアプローチ」といった"21世紀型"のものまで多様性に富んでいる。完成したマンダラチャートを見ると、64のキーワードが絡み合いながら「グローバル教師」の姿が立ち昇ってくるのではないだろうか。

マンダラチャートのメリット

　マンダラチャートは、掲げた目標を達成するために必要なことを日々実践することでその効果を発揮するものだが、実はそれ以外にも大切な側面がある。それは、マンダラチャートの作成そのもの、つまり、その作成の過程自体も大事だということだ。教育現場のように組織で目標を掲げる場合は、むしろその過程の方が重要かもしれない。

　例えば、校内で授業改善のプロジェクトチームを立ち上げ、目標達成のためにマンダラチャートを用いることになったとする。話し合いの結果、そのチームの最終目標は「子どもの自律」になったとしよう。そうすると次に、チームで「子どもの自律のためにどんな要素が必要か」と、マンダラチャートに則って8つの要素を考案することになる。その際、めざす児童生徒の姿を想像しながら、活発な議論が交わされるはずである。

　このような議論を通して、学校の教育目標や子どもたちの現状、課題等が個人レベルでなく組織レベルで明確化されていくのだ。これこそが組織のメンバーが同じ目標に向かって歩んでいくための原動力となるのではないだろうか。

ページの説明

　見開き 2 頁の各項目（資質・能力）には、①〜⑤によりストーリーが構成されている。ただし、④を最も伝えたいので、冒頭に記載している。パターン・ランゲージ理論では、『ある「状況」において「望ましい結果」に至る方法　（その「状況」で生じやすい「問題」を「解決」する方法）に言葉を与え、実践のための共通言語をつくる』（井庭　2019）ことをめざしている。まさに④の「（解決のための）キー・フレーズ」が実践のための、ヒントであり、エンパワーする言葉となっている。

　例えば、次の例を活用の参考にしていただきたい。

① 「資質・能力の概要」
　「情報リテラシー」が具体的にどのような力なのかを、開発者の言葉で記述している。

② 「学校や教師が直面している課題状況」
　「情報リテラシー」に関して私たちが直面している課題や、あるいは今後どういう状況で活用できるかを、開発者の実践をもとに記述している。

③ 「課題の根本にあるマインドセット」
　その課題に直面している人が無意識のうちにもっているマインドセット（信念や心構え　価値観　判断基準　心のもちよう　無意識の思い込み　陥りやすい思考回路）は何なのかを記述している。

④ 「(解決のための) キー・フレーズ」（冒頭に記載）
　その課題を、マインドセットから根こそぎ解決するためのキー・フレーズである。自らの経験知と教職大学院で学んだ理論知を融合させ、こころに届くフレーズになるように開発した。

⑤ 「解決のための具体的なアクション」
　「キー・フレーズ」を胸に一歩前に踏み出すとき、ヒントになる具体的なアクションある。

活用について

　本テキストでは、64 の資質・能力の全てについて、見開き 2 頁でまとめている。いきなり全ての項目を読むのは大変であるので、まずは 7 頁にあるマンダラチャートから、興味・関心のある資質・能力をいくつか選んでから、ご覧いただきたい。知っていること、初めて聞くこと、当たり前だと思うことなど、多種多様な資質・能力をピックアップしている。これらは、私たちが今まで培ってきた、学校での実践で得た知識や、大学院で学んだ理論を融合し、ときには「なにわ感」も注入しながら仕上げたものである。きっと楽しくご覧いただけると考えている。ぜひ、様々な思考を巡らせながら、自分自身や周りの先生たちのことも思い浮かべながらご覧いただきたい。

　一方で、本テキストは読むだけではなく、様々な活用方法がある。私たちは、本テキストを使用しながら、これまで管理職研修や首席（主幹）研修を実施してきた。また、将来教師をめざしている大学院生や大学生、そして高校生を対象にした講義にも講師として参加して、本テキストを活用した授業をしてきた。その中で実践してきたいくつかの活用方法を紹介させていただく。

活用例
①自分自身が身につけたい資質・能力は何か？
　まずは、ご自身のことについて振り返ってみてはいかがだろうか。たぶん、これら 64 の資質・能力を兼ね備えた方は、いらっしゃらないと思う。どの資質・能力が必要なのか、逆に、ご自身の強み（教職アイデンティティ）は何なのかが整理できるはずである。また、8 つの領域に分けているので、ご自身の必要な資質・能力はどの領域に多いのかなどにも着目することで、自己分析にも活用できると考えている。

②自分の所属校の先生たちに身につけてほしい資質・能力は何か？

　様々な変化を迎えている現代、学校現場においても同様であり、今まで以上に多種・多様な課題に対処していかなくてはならない。しかし、一人の教師ができることには限界があるため、チームで課題解決にあたる必要がある。そのためにも、周りの先生たちの状況を理解する必要があると考える。そこで、人材育成の視点で所属校の先生たちの状況を分析するのに活用してはいかがだろうか。また、校内研修のツールとして、「自身が身につけたい資質・能力は」をテーマに、いくつか選んで意見を言い合うことも有効である。

③必要な資質・能力を身につけるためのアクションプラン

　本書には、解決のためのキー・フレーズや具体的なアクションを記載している。それらを参考にしていただきながら、今後のアクションプランを考えてみてはいかがだろうか。言うまでもなく、学び続ける姿勢は重要である。学校の実態を踏まえ、実現可能なプランを立てていただきたい。

　また、大谷選手と同様に、身につけるためのアクションプランをマンダラチャートで考えても面白い。時間はかかるが、具体的に挙げることで様々なことが見えてくる。

　これまで活用例をいくつか紹介してきたが、他にも資質・能力をいくつか選び、それをもとに自己紹介する、といった自身の強みや弱みを整理するためのツールとしても活用できると考える。ぜひ、色々な活用方法を試していただければ、幸いである。

第Ⅱ部

明日から使える
"64の資質・能力"
開発シート

- 第1章　21世紀型スキル
- 第2章　指導力
- 第3章　アンテナ
- 第4章　つながり
- 第5章　企画力
- 第6章　人間性
- 第7章　言語力
- 第8章　環境づくり

> 領域

21世紀型スキル

　「グローバル教師に求められる資質・能力」を視覚化・構造化・意義づけしていく中で、1番目に設定した領域は、「21世紀型スキル」だ。

▶ 概論
　21世紀型スキルとは、VUCAな時代を生きる子どもたちが「21世紀を生き抜く力」として、これからの学校教育で育成すべき資質・能力である。21世紀に求められる教育のあり方について、文部科学省が整理した資料には、「21世紀にふさわしい学校や学び、学校教育の情報化が果たす役割等について」とある。情報化社会である21世紀だからこそ、情報活用や批判的・論理的思考などが述べられている。このようなスキルの取得は、これまでの学校教育に加えて、カリキュラムを見直していく必要があると考える。

▶ 根本にあるマインドセット
　これまでの学校教育では、知識や技能の取得をめざしていた。しかし、学びが大きく変わる今日、今まで以上に学校教育に求められることは大きくなる一方である。この21世紀型スキルにも同様のことが言えるはずだ。

「また、新しいことを教えないと」
「今まで教えてきたことはどうなるのか」
「1人1台ではパソコンが足りないのでは」
「教師がICTをまだ使いこなせていない」
「具体的に何を教えていけばいいのかわからない」
といったマインドセットが考えられるのではないだろうか。

▶ 結論

しかし、実生活でいかにして知識や技能を活用して問題解決を図っていくのかを中核にして、教育を転換していくことをめざしていくのが21世紀型スキルであり、学校教育において実現させていくことが求められている。

文部科学省が提唱する21世紀型スキルは、①基礎力（言語、数、情報を目的に応じてツールとして使いこなす力）、②思考力（問題の解決や想像力、論理的・批判的思考力、メタ認知など）、③実践力（キャリア設計やコミュニケーション力、社会参画など）の3つで構成されている。そこで、基礎力として「情報リテラシー」、思考力として「論理的思考力」「批判的思考力」「ラテラルシンキング」「創造性」「メタ認知」、実践力として「レジリエンス」「学び続ける力」を挙げた。

VUCAな時代の真っ只中で、学校現場においても、21世紀型スキルを踏まえて教育を展開していくことこそ、グローバル時代に求められる教師ではないだろうか。

01 情報リテラシー
Information Literacy

▶ キー・フレーズ

現代版3R's　情報の読み・書き・思考の方法は
（reading, writing, reckoning）

難しく考えず、ハードルをあげず、シンプルに！

対面でもネット上でもダメなものはダメ！

▶ 資質・能力の概要
- 情報を十分に使いこなせる能力
- 大量の情報の中から必要なものを収集し、分析・活用するための知識や技能

▶ 学校や教師が直面している課題状況
・SNSなどの普及により、友だち同士のトラブルが起きるとき
・フェイクニュースにより誹謗中傷されるとき
（事件に巻き込まれることも）
・情報モラル教育を実施していくとき

▶ 課題の根本にあるマインドセット
「ネットにのっているから正しいだろう」
「この情報は、自分と同じ考えやから採用だ」
「ここのHPは、みんな見ているから、ここから探そう」

▶ 解決のための具体的なアクション
・クリティカル・シンキングを育成する
・知識とスキルと態度（道徳心）を育成する
・警察や大手企業など、プロの出前授業を活用する
・情報の流行に教員がついていく
・普段の生活指導が情報リテラシーの育成につながっている、ということを念頭に置いておく

開発者:きっちょん

02 批判的思考力
Critical Thinking

▶ キー・フレーズ

「反対ではなく、こういう意見もあるんだね」

「それぞれのよさを認める」

という視点を教えよう

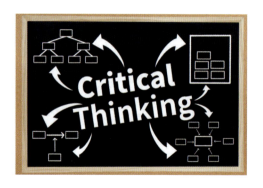

▶ 資質・能力の概要

・目の前にある事象や情報を鵜呑みにしないこと
・「それは正しいのか」と疑問をもち、じっくり考察したうえで結論を出すこと

▶ **学校や教師が直面している課題状況**
・ただ批判的に捉えられたと思ってしまうとき
・感情で動いてしまうとき
・相手を気遣って思っていることが言いにくいとき

▶ **課題の根本にあるマインドセット**
「意見が否定される」
「反対意見みたいで嫌われてしまうわ」
「波風立てる必要ないから言わないでおこう」

▶ **解決のための具体的なアクション**
・クリシンキャンペーン（子どもたちのクリティカルシンキングを盛り上げる）
・捨てる勇気（囚われていたものを捨てることは、新しい可能性を得る）
　→今までのアプローチをあえて捨て、より広い視点から今後について考える

開発者:きっちょん

03 論理的思考力
Logical Thinking

▶ キー・フレーズ

結論
↓
根拠
↓
（具体例）

▶ 資質・能力の概要
- 物事を体系的に整理し、矛盾や飛躍がないように結論と根拠をつなげる思考法
- 疑問と答えを紐づけする力

▶ 学校や教師が直面している課題状況
- 自分の考えや状況をうまく説明できず、誤解が生じるとき
- 説明をしたり聞いたりするのに、余計な時間がかかってると感じるとき
- 自分の話をスムーズに理解してもらえないとき

▶ 課題の根本にあるマインドセット
「自分の考えはうまく相手に伝わるはず」
「伝わらないのは相手の理解力の問題」
「強気でいったら相手は納得するはずや」

▶ 解決のための具体的なアクション
- 研修でディベートをしてみる
  → 自分が論理的であると勘違いしていることも多いので、第三者（できれば複数）のジャッジをつける
- 授業でディベートをしてみる
- 教職員同士で意見が対立したとき、感情的になるのではなく、冷静に相手の主張と根拠、こちらの主張と根拠を整理して擦り合わせる

開発者:ジョビ

04 創造性
Creativity

▶ キー・フレーズ

　　　　創造性を
　　アートだけのものと
　　思っていませんか？

▶ 資質・能力の概要
- これまでになかった新しいアイデアや価値を生み出すための力
- 創造的な活動は人生に彩りをもたらすもの
- 予測不可能な社会に対して、よりよい変化をもたらすためには創造性が不可欠

▶ 学校や教師が直面している課題状況
・現在の学校の状況が創造性に蓋をしてしまっていると思えるとき
・生徒が選択したり自由に発想する機会が少ないとき
・創造的な発想で様々な課題を解決することができるとき

▶ 課題の根本にあるマインドセット
「創造性は芸術にだけ使うものだ」
「創造性なんて育めない」

▶ 解決のための具体的なアクション
・学校での活動で生徒を信じて任せてみる
・授業などで創造性が発揮できるような課題設定をしてみる
・生徒に選択の余地を残す
・創造性を発揮させるためには、心理的安全性が不可欠だということを意識しておく

開発者:みっちぇる

05 学び続ける力
Eternal Learners

▶ **キー・フレーズ**

日々是好日 for 学習

▶ **資質・能力の概要**
- 新しいこと、自分の知らない世界を知ろうとするだけではなく、既知のものをアップデートする力
- 無関係と思うジャンルに興味をもち、小さくてもいいからアクションを起こしてみる力

▶ **学校や教師が直面している課題状況**
- 同僚や児童生徒から知り得た知識が、自分の全く知らないものだったとき

- 「教えることを生業としているから、教育関係の本だけ読んでいたらいいや」と思っていたら、どうもそうではないらしいと気づいたとき
- 自分の専門外の分野だったが、これを知らないと話についていけない危機感を少しでも感じるとき
- 現状を打破、常にアップデートされる自分でいたいとき

▶ 課題の根本にあるマインドセット

「今更○○なんか勉強しても身につかへんわ」
「この分野は私のこの仕事には関係ないしなぁ」
「あの人はすごいからできるねん、私にはそんな心意気ないわ」

▶ 解決のための具体的なアクション

- その分野を知るにあたって「入門編」となる本、映像などをその道のエキスパート（少なくともあなたよりは知っている人）にすすめてもらう
- 大型書店に行ってみる（リアル書店だとつい買ってしまいませんか?!）そして買ったら読んでみる
- できない言い訳をせず、とりあえずやってみる。難しかったら周りに頼る(なんせ勤務先は学校なので先生はたくさんいる！)
- 意外と自分の知っていることとつながっている部分が見つかるので、そこに気づき、より深く入っていく

開発者:チョコホリック

06 レジリエンス
Resilience

キー・フレーズ

　　　　　教育に正解はない
　遠まわりしながら、ゆっくりと子どもを育てよう

▶ 資質・能力の概要

　心のしなやかさ
　「失敗してへこんでんねん」
　　　　↓
　「多分どうにかなるやろ」

▶ **学校や教師が直面している課題状況**
・クラスの子どもたちが自分の理想とかけ離れたような状態になったとき
・管理職を含める同僚との兼ね合いで、自分の強い信念が貫けなくなったとき
・自分の思い通りに行かず、もやもやしているとき
・大きな失敗をして自分を責めてしまっているとき

▶ **課題の根本にあるマインドセット**
「教師たるもの、ブレたらあかん」
「教師たるもの、他人の意見に流されてはあかん」

▶ **解決のための具体的なアクション**
・先輩と一緒にご飯を食べる
・先輩の考えや失敗談などを聞きながら、多角的な考えができるようにする

開発者:しんちゃん

07 メタ認知
Metacognition

▶ キー・フレーズ

「木を見て森を見ず」

になっていませんか？

▶ 資質・能力の概要
- 自分や物事を客観的に見る力
- 客観的に見ることで、冷静な判断を下すことができる力

▶ **学校や教師が直面している課題状況**
- うまくいくときとそうでないときに差があり、その原因がわからないとき
- 毎回、仕事のやり方を考え直さなければならないほど、うまくいかないなと思うとき
- 目の前の課題にどう取り組むといいのかがわからなくて、やみくもに進めているとき

▶ **課題の根本にあるマインドセット**
「隣の同僚はうまくやっているのに、私はうまくいかない」
「こんなに生徒にいろいろやらせても実を結ばない」
「私にはこの仕事は向いていない」

▶ **解決のための具体的なアクション**
- 幽体離脱したかのように「引きで」ものごとを捉えてみる
- 自分がしたこと、その結果どうなったか、などを振り返りシートに書き出す
- うまくいかなかったと思うことにも、何かうまくいった点があるはず。すべてを悲観的に捉えないようにする

開発者:チョコホリック

08 ラテラルシンキング
Lateral Thinking

▶ キー・フレーズ

本当にそれでいいのかな？

他にも選択肢があるのかな？

自分たちの結論が正しいのかな？

何か別のものに見れないのかな？

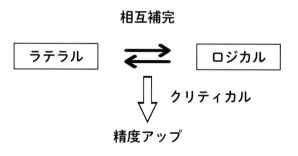

▶ 資質・能力の概要
- 問題を解決するために、マインドセットや既存の理論に囚われないことで、物事を多角的に考察する、新しい発想を生み出すこと
- 業務に関する知識＋応用力・活用力
  →イノベーション

第1章 21世紀型スキル

▶ **学校や教師が直面している課題状況**
・子どもたちに、より新たな発想で物事を考えさせていきたいとき
・教員自身が思考法について学んでいくとき
・「疑う力」「抽象化する力」「偶然を見逃さないための力」を伸ばしていくとき

▶ **課題の根本にあるマインドセット**
「わからないから、まず答えを教えてほしいねん」
「間違っていたら恥ずかしいねん」
「日本人は、控えめでございます」

▶ **解決のための具体的なアクション**
・以下の順番で思考する
「不満に気づく」→「なぜ？」→「どうなったら解決するのか？」→「どうやって？」
・フォーマット、法則、ルールだけで考えないようにする
・どうなったらいいのかを言語化する

開発者:きっちょん

領域 指導力

第2番目に設定した領域は「指導力」だ。

▶ 概論

「指導力」とは、教育者が子どもの学びを支援し、成長を促すための力を指す。

これは、単に知識や技能を伝えるだけという価値観から脱却し、生徒が主体となって自ら学び、能力を発揮する環境を提供することも含む。

指導力が重要とされる背景には、情報化やグローバル化が進展し、複雑で多様な社会が形成されつつあることがある。このような社会では、単なる知識や技能だけではなく、問題解決能力や批判的思考力、コミュニケーション力など、より高度なスキルが求められる。

従来の指導方法では不十分であり、学習者中心のアプローチが求められ、児童生徒が自ら探究し、学び、成長することが重視されている。

▶ 根本にあるマインドセット

指導力を発揮するには、従来のマインドセットを見直す必要がある。過去の「講義は、教員の説明だけで終わる」という考え方に囚われず、教育者は生徒の参加を促し、対話的な学びの環境を

提供することが重要である。

　また、「わからないのは生徒が悪い」という考え方ではなく、生徒の個々の学習ニーズに合わせて指導することが求められる。更に、「一斉指導をガンガンやるんや」という従来のアプローチではなく、個別最適化を重視し、生徒一人ひとりに合った指導を行う必要がある。

▶ 結論

　こうした課題を克服するにあたり、私たちは 21 世紀の教師にとって「説明する力」「説明しない力」「信じて待つ」「個別最適化」「一貫性」「ファシリテーション」「メタファシリテーション」が、指導力の核心をなすと考えた。指導力は時代を超えて重要だが、21 世紀においては、環境の変化に対応し、生徒の多様なニーズに柔軟に対応する指導力が求められると考える。

09 説明する力
Skills of Explaining

▶ キー・フレーズ

「伝えたいこと」を
限られた時間の中で
伝えるためには？

▶ 資質・能力の概要
- 短く端的に伝えるための説明力
- 生徒の活動の時間を増やすための指示・情報伝達の工夫

▶ 学校や教師が直面している課題状況

- 自身の説明が明瞭でなく、生徒に理解させてあげることができないとき
- どうしても説明が長くなってしまうとき
- 活動の指示がうまく伝わらないとき
- 生徒の納得感のある説明ができるようになりたいとき
- 生徒の疑問を解決してあげたいとき

▶ 課題の根本にあるマインドセット

「わかっているか不安だからついつい説明が長くなる」
「わからないのは生徒が悪い」

▶ 解決のための具体的なアクション

- ICT活用による「見える化」なども使って、端的に説明することを心がける
- 教材づくりの段階で、説明の仕方についても意識して準備・練習しておく
- 「話す順序」と「キーワードで話す」ことを心がける

開発者:さかしぃ

10 説明しない力
Give Hints, Not Answers

▶ キー・フレーズ

「知識」ではなく

「気づき」「チャンス」を

与える時代へ

▶ 資質・能力の概要
- 生徒に理解させる、気づかせるための説明の断捨離
- 「先生が一方向的に教える」授業からの脱却

▶ **学校や教師が直面している課題状況**
・先生が説明をしている間に生徒が寝てしまうとき
・「教えた気」になる、または「教わったからわかった気」になる状況が多いとき
・「教える人」から「学びを支援する人」になりたいとき

▶ **課題の根本にあるマインドセット**
「考えさせるよりも、教えてしまう方が早い」
「授業中は、教師が喋っている、児童生徒は聞いているのが普通！」

▶ **解決のための具体的なアクション**
・研修会や公開授業等を通じて、よい実践例を見て学ぶ
・説明を最低限にとどめ、生徒が気づく、学びを深める授業プランを立てる
・小さなグループのファシリテーションから挑戦してみる

開発者:さかしい

11 信じて待つ
Don't Just Teach Your Students, Trust in Them and Wait

▶ キー・フレーズ

　　　生徒を信じて

　　待ってあげてくれませんか？

▶ 資質・能力の概要
・生徒を信じて待つこと
・「Teaching」から、「Facilitation」への指導観の変化

第2章 指導力

▶ **学校や教師が直面している課題状況**
・前年度踏襲になってしまいそうなとき
・全部答えを言ってしまいそうなとき
・教室が静かであることを優先して、一斉画一型の授業をしてしまいそうなとき
・怒鳴って力で押さえつけることで、主体性を阻害してしまいそうなとき

▶ **課題の根本にあるマインドセット**
「全部教えないとできないでしょ」
「あの子たちには無理無理」
「そんなのあの学校だからできるのよ」

▶ **解決のための具体的なアクション**
・とりあえず生徒にやらせてみる
・ただ黙って見守っているのではなく、効果的で生徒が取り組みたくなる問いを投げる
・信じて待つ

開発者：みっちぇる

12 個別最適化
Personalized Learning

キー・フレーズ

子どもの様々な教育の
ニーズに応える

▶ 資質・能力の概要
- 子どもが自分の理解度にあった学習を進められる環境を整えること

▶ **学校や教師が直面している課題状況**
・個々の実態にあったそれぞれの方法で学習を進めたいとき
・それぞれの進路にあった学習を進めるとき
・あるテーマに沿って何かを調べるとき

▶ **課題の根本にあるマインドセット**
「一斉指導をガンガンやるんや」
「機械に頼らず、人と人同士のコミュニケーションの中で本物の教育が生まれるんや」

▶ **解決のための具体的なアクション**
・タブレット端末を用いて、子どもが自分の進度で学習を進めることができるアプリを使う
・Study log（学びの記録）をつける
　→ LMS（Learning Mnagement System）を使ったシステムの活用

開発者:しんちゃん

13 一貫性
Consistency

キー・フレーズ

　　　　この仕事において
　　　　私は何をしたいのか？

▶ **資質・能力の概要**
- 迷ったときも方向性を見つけることができる、ぶれない信念
- 同僚や生徒たちも納得できる行動

▶ **学校や教師が直面している課題状況**

・この先どうすればよいのか考えすぎて、思考がストップする、または様々な情報があり、どれが自分に合っているのかわからないとき
・同僚や生徒の反応が芳しくなくて、別のやり方を模索するとき
・今向き合っている仕事に悩みや迷いがあるので何とかしたいが、いろいろ試してもうまくいかないとき

▶ **課題の根本にあるマインドセット**

「これがダメなら次はどのやり方を試そうか」
「いろいろなやり方を試しているのに、生徒がついてこない」
「結果が出ない（ように思える）」

▶ **解決のための具体的なアクション**

・「この仕事において、私がしたいこと」を1本の太い幹や道と考え、そこからやりたいことを伸ばしていくイメージをもつ
・最初は「この単元において、私がしたいこと」などの小さいスパンでもOK。それが積み重なってくると自分の幹や道が見えてくる
・自分の幹や道にこだわりすぎて、独りよがりにならないように、周りのアドバイスにも耳を傾ける

開発者:チョコホリック

14 ファシリテーション
Facilitation

▶ キー・フレーズ

合意形成には納得感が重要

シナリオ通りに進むとは限らない

▶ 資質・能力の概要
- 会議や研修、ミーティング、様々な活動の場において、良質な結果が得られるように活動のサポートをしていくこと
- プロセスを管理すること

▶ **学校や教師が直面している課題状況**
・会議などが機能しないとき
（目的不明確、アクションを決めない、自己主張、他のせい、過去の話の蒸し返し、堂々巡りなど）
・意見がなかなか出てこないとき
・より多くの意見を出したいとき

▶ **課題の根本にあるマインドセット**
「フレームワークを用意してもうまくいかへん」
「うまくいかない理由がわからへん」

▶ **解決のための具体的なアクション**
・次の流れで実践する中立な立場で、チームのプロセスを管理し、チームワークを引き出し、チームの成果が最大となるように支援する
・具体的な手法を活用する（マンダラーチャート、SWOT分析、ステークホルダー分析、KJ法など）
・フィールドに出ることで気づくこともあるため、動きの中で考えるくせをつける

開発者：きっちょん

15 メタファシリテーション
Meta Facilitation

▶ **キー・フレーズ**

　　行動の原因を一緒に考える方法

▶ **資質・能力の概要**
- 相手が出してくる依存的な要求から脱し、相手自身に気づきをもたらすための対話法
- 相手が自らの課題を発見し、分析することを促す対話法

▶ **学校や教師が直面している課題状況**
・探究的な活動の目的を見失っているとき
・生徒に課題がある際に、答えを伝えるのではなく生徒自身に答えを見つけさせるとき
・答えのない問いに直面している人と対話するとき

▶ **課題の根本にあるマインドセット**
「教師は教えることが仕事だ」
「自分が正しいに決まっている」
「答えが与えられれば人は変わる」
「伝えることで人は変わる」

▶ **解決のための具体的なアクション**
・対話のときに「なぜ」を封印する
・「なぜ」と聞かずに「いつ」「どこで」「何が」等で聞き続ける

開発者:みっちぇる

16 問いのデザイン
How to Facilitate a Creative Dialogue

▶ キー・フレーズ

　　問いが変われば、チームは変わる

▶ 資質・能力の概要
- 創造的に協働するチームになるための対話を促す技術
- チームの創造性を発揮させる問いづくり
 （効果的な問いをつくることは世界を捉え直すきっかけとなる）

▶ **学校や教師が直面している課題状況**
　・人間関係や教育観が固定しがちで、新たな取り組みが生まれにくく、前例踏襲を繰り返しているとき
　・生徒も教師もワクワク学び働けていないとき
　・生徒や同僚にアイデアを求めても出てこないとき
　・チームで協働的に創造的に学びを生み出したいとき
　・新しいおもしろい取り組みを実践したいとき

▶ **課題の根本にあるマインドセット**
「生徒の発想力がないから、おもしろい取り組みにならないんだよ」
「あの先生はこういう先生だからなぁ、これは頼めないよな」
「若手が全然アイデア出してくれないからなぁ」
「ベテランの頭が硬いから提案しても無駄だよね」

▶ **解決のための具体的なアクション**
　・授業や会議での問いかけ方を変えてみる
　・会議の持ち方を変えてみる（ワークショップ型の提案）
　・『問いのデザイン』を読んでみる

開発者:みっちぇる

> 領域

アンテナ

　第3番目に設定した領域は「アンテナ」だ。

▶ 概論
　「不易流行」という言葉があるが、教育の世界にも当てはまる。私たち教員が児童生徒だったころと変わらない部分もあれば、大いに変わってしまった部分もある。「流行」の部分を知らずに、いつまでも自分の知っている世界だけで教育活動を行うことには限界が生じつつあるのだ。

▶ 根本にあるマインドセット
　そうは言っても、この仕事を長く続けていると、「現場の経験が最も重要、論文なんて机上の空論」「今まで通りのやり方でいい」「教育系YouTuber?!　勉強は本から、対面で教わらないとだめだ」というマインドセットに陥る気持ちもわかる。今までの経験から「どうせやったって／言ったってムダだから」という思いが、心にシャッターを閉めさせているのだろう。
　また、「目新しいから流行っているだけだ」「流行に乗って、子どもに迎合してはいけない」という大人ならではのマインドセットもあるのだろう。

第 3 章　アンテナ

▶ **結論**

　そんなマインドセットをどうすれば少しでもほぐせるか。私たちが考えたのが「『流行』を知るためにアンテナを張ってみませんか」であった。もう年だから、新しいものにはついていけないとあきらめかけている人も大丈夫。アンテナの種類は多種多様だ。「SNS」「子どもの流行」など、少し構えてしまいそうなものばかりではなく、「書籍」「現状」など、毎日目にしているものもある。「学術論文」はややハードルが高いと考えられるかもしれないが、読んでいただければきっと「そんなことだったのか」と思われること請け合いだ。

　とっつきやすいアンテナから立ててみてはいかがだろうか。

17 異文化
Cross-Cultural Understanding

▶ キー・フレーズ

そのマインドセットでいいのかな？

まずは自分の興味・関心のあるところから

▶ 資質・能力の概要
- 複数の文化があるということを理解すること
- 自分の文化とは異なる文化を理解すること
（理解できるように努力すること）
- 異文化を理解するためのプロセス（適応・受容など）を知ること

第3章 アンテナ

▶ 学校や教師が直面している課題状況
- 異文化を知ることで終わってしまうとき
- 系統立て実践がなされていないとき
（異文化の興味や理解は、幼少期の経験がもとになっていることが多い）
- 人間には少なからず好き嫌いがあるという前提で考えるとき
- これはいいものと強要してしまうとき

▶ 課題の根本にあるマインドセット
「マイノリティーをマジョリティーにすればいいやん」
「自分と違うのはおかしいんちゃうん？」
「他がどうであれ、私の考え方はこうやねん」

▶ 解決のための具体的なアクション
- 相手を理解する気持ちをもつようにする（差別しない）
- 間違えを恐れないようにする
- 日本の文化や習慣をおしつけないようにする
- 教員や保護者の異文化理解を活性化させる

開発者:きっちょん

18 子どもの流行
Kids Trends

▶ キー・フレーズ

　　子どもの流行を知ることは
　　子どもを知ることの第一歩

▶ 資質・能力の概要
・子どもの中で人気がある「こと」や「もの」
　→子どもは、大人よりも敏感で、変化にも柔軟で、時代によって変わる
・子どもの流行を知ることは教育にとって有意義だということ

第3章 アンテナ

▶ **学校や教師が直面している課題状況**
・若いときは、子どもの気持ちを理解できた教員が、子どもの気持ちが離れてしまったと感じたとき
・子どもの考え方や行動様式をより深く理解したいとき
・子どもとコミュニケーションをとりたいとき
・授業や行事の中で、最近の子どもの流行を取り入れて、子どもにやる気を出させたいとき

▶ **課題の根本にあるマインドセット**
「教育は、普遍的なもの」
「子どもに迎合したらあかん」

▶ **解決のための具体的なアクション**
・子どもと一緒に遊んでみる
・子どもの中で流行っている漫画や雑誌、映画、ゲームを体験する
・子どもから、流行について話を聞く

開発者:しんちゃん

19 大人の流行
Adults Trends

▶ キー・フレーズ

　　大人も新しいことを求めることが必要だ

　　子どもの流行と大人の流行の違いって何だろう？

　　教育分野の流行は何だろう？

▶ 資質・能力の概要
・時間を軸とした現象であること
・「一時的」「短期的」であること
　→現代においては様々なバリエーションあり

▶ **学校や教師が直面している課題状況**
・どんなことが流行っているのかを知りたいとき
（ただし大人と子どもの流行には違いがあることも考えられる）
・自然に入ってくることは限られているので、自らリサーチしようと思うとき
・定期的に変化する教育内容に対応していく必要があるとき

▶ **課題の根本にあるマインドセット**
「どうせ、すぐ流行らなくなるやろう」
「今の時代やから、流行っているんやろ」
「目新しいからやね」

▶ **解決のための具体的なアクション**
・書籍やインターネットなどで情報収集する
・研修会に積極的に参加する
・積極的に外部の人と情報を共有する
・新しい分野や最先端を把握し、自ら足を運ぶようにする

開発者:きっちょん

20 マスメディア
Mass Media

▶ キー・フレーズ

　　マスメディアは授業のネタの宝庫

▶ 資質・能力の概要
　・テレビやラジオなど、一般の人に向けて発信される公共の情報発信媒体

第3章 アンテナ

▶ **学校や教師が直面している課題状況**
　・社会の話題に疎くなり、世間の関心をもっと知りたいとき
　・話題になっている報道などを知りたいとき
　・世の中に目を向けて視野を広げたいとき

▶ **課題の根本にあるマインドセット**
「テレビやラジオなどを知らなくても、教員の仕事はやっていけんねん」
「忙しくて新聞を読む暇あらへん」

▶ **解決のための具体的なアクション**
　・決められた時間に、ニュースを見る
　・子どもの中で流行っているテレビドラマを見る
　・忙しくて決められた時間にしかニュースを見られない場合は、ネットで好きな時間にニュースを見る

開発者:しんちゃん

21 現状
Current Situation

キー・フレーズ

注意深く見ていこう

観察力を鍛えよう
（表面的な部分を注意深く見る）

洞察力を鍛えよう
（見えない部分を見抜く）

▶ **資質・能力の概要**
- 物事のありのままの現象を注意深く見極めて、客観的な知識を得ること
- よく見て、他と比べて違いを見極めること（小学校段階）
ちなみにもともとの意味は、知恵によって対象となるものを正しく見極めること

第 3 章　アンテナ

▶ **学校や教師が直面している課題状況**
　・新しいアイデアが出てこないとき
　・多忙のため、ゆっくり観察する時間が確保できないとき
　・VUCAな時代に対応できないとき
　・状況が好転しないとき

▶ **課題の根本にあるマインドセット**
　「これやったらこうやね」
　「新しいことやるより、ルーティンでいいやん」

▶ **解決のための具体的なアクション**
　・「観察」と「分析」（データから明らかにする）の両方のアプローチで迫るようにする
　・「観察力」と「洞察力」を鍛えるようにする
　・普段から周囲に気を配るようにする
　・多角的な視点で物事を見るようにする

開発者:きっちょん

22 学術論文
Research Paper Literacy

▶ キー・フレーズ

先人の知恵を借りよう

▶ 資質・能力の概要
- 最新の教育方法に関する研究成果を定期的に把握し、それを授業に活かす能力
- 研究論文の読解力及びそれらを教育現場に適応させる能力
- 教育実践における問題を認識し、それに関する研究を通じて解決策を模索する姿勢

▶ 学校や教師が直面している課題状況
・研究論文を活用する文化が根づいていないため、教育方法の改善が進まないとき
・教員自身が研究論文を読むことに対して抵抗感があり、最新の教育研究に触れる機会が少ないとき

▶ 課題の根本にあるマインドセット
「研究論文は難解であり、現場の教育には直結しない」
「現場の経験こそが最も重要であり、研究結果は二次的なもの」

▶ 解決のための具体的なアクション
・研究論文の読み方や教育現場での活用方法に関する研修会を開催する
・大学や研究機関との連携を強化し、教育研究に関する情報の交換を促進する

開発者:しんちゃん

23 書籍
Books

キー・フレーズ

　　　読書は人の成長を加速させる

　　　読書はコスパのよい研修だ

▶ 資質・能力の概要
・本を読み、視野を広げたり知識を蓄えること

▶ **学校や教師が直面している課題状況**
・忙しい日々に追われ、自分の経験を頼りになけなしの力をふるっている教師が、ふと「理論的な裏づけがあれば、より効果的な指導ができるはずだが…」と思ったとき
・エビデンスに基づいた実践をしたいとき
・先人の優れた実践を本で学び、それを真似したいとき

▶ **課題の根本にあるマインドセット**
「忙しくて本を読む時間がないねん」
「教育は理論よりも実践が命」

▶ **解決のための具体的なアクション**
・自分が好きなジャンルから本を読み始める
・長期的な休みのときに本を読む
・入門書から読み始める
・読んだことを活用できるように「読書ノート」に読書記録をする

開発者:しんちゃん

24 SNS
Social Media

▶ キー・フレーズ

あなたの欲しい情報は
ここではなく世界にある（かも）

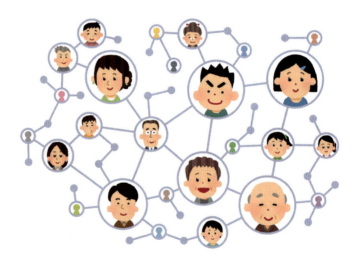

▶ 資質・能力の概要

- 世界とつながり、知識を得たり仲間と知り合うことができるツール
- 画像、映像、文章と、様式も様々
- 上手に使えば、あなたを助ける大きな力になる

▶ **学校や教師が直面している課題状況**
- 教育理論や実践など、新しいことを知りたいが、研修などに行く余裕がないとき
- ガラパゴス教育（狭い学校内で進化した教育方法）に陥っていると感じるとき
- 仲間が欲しいが、身近に見つからないとき

▶ **課題の根本にあるマインドセット**

「本や対面じゃないと、きちんとした知識は得られない」
「YouTube の学習チャンネルなんて、どうせろくな教え方していない」

▶ **解決のための具体的なアクション**
- 一度検索してみる。SNS にもたくさん種類があるので、いろいろな媒体からそれぞれ得られるものがある
- 確かに玉石混交ではあるので、見極めは大事である
- SNS を通じて、同じ思いの人と、なにわのみならず世界レベルでつながることもできる

開発者:チョコホリック

> 領域
>
> # つながり

　第4番目に設定した領域は「つながり」だ。

▶ 概論

　つながりとは、読んで字の通り人と人とのつながりのことを指している。私たちは学校の教室で授業をしていると、あたかも学びは教室の中だけで生まれるものだと錯覚してしまいがちだが、様々な人とのつながりによって生まれる学びがあるはずだ。個人間のつながりもそうだが、組織のようなより大きな集まりとのつながりも多くの学びにつながるものだ。学校の中の世界だけで、教育活動を行うことには限界が生じつつある。

▶ 根本にあるマインドセット

　つながりを生かす学びをつくる際に、私たちの邪魔をしているのは様々な思い込みではないだろうか。

　他の先生とのつながりであれば、「あの先生は忙しいから」や「あの子はまだまだ若いからねぇ」といったものである。外部とのつながりであれば、「行政ってできることに限りがあるし」や「自分たちでやっていけるよなぁ」といった思い込みが、もっと楽に働ける職場環境や広く学べる機会から、遠ざけているのかもしれない。

▶ **結論**

　しかし、実際に話をしてみると、学校の先生であれば「全然いいですよ！」であったり、「それ得意なんです！」といった反応があるかもしないが、企業や行政であれば「実はこんな方法があったりしますよ」であったり、「私たちもやりたいと思っていたんです！」といった返答が返ってくることがあるかもしれない。

　実際に、私自身もやってみるまでは半信半疑であったが、人や社会に頼るということも、一度やってみればその価値に気がつき、どんどん学びが広がる可能性を今は享受できている。

　みなさんがもっている様々なつながりを生かして、よりよい学校や、よりよい学びが展開されていくことを期待している。

25 卒業生
Alums

▶ キー・フレーズ

　　　進路指導のブースター
　　　自身の指導を振り返るきっかけ

▶ 資質・能力の概要
・卒業生とつながり続ける力
・卒業生が後輩のために力を貸してくれるようにコーディネートする力

第4章 つながり

▶ **学校や教師が直面している課題状況**
・子どもが大人の意見を素直に聞けなくなっているとき
・子どもに少し先の未来を想像させたいとき
・世代間の変化を学ぼうとするとき

▶ **課題の根本にあるマインドセット**
「最近の子どもの気持ちがわからん」
「私は子どもの気持ちはバッチリわかっています！ …でも最近子どもらと噛み合わんような…」
「子どもは何も見えていないので、私の言うことを聞いていれば大丈夫！」

▶ **解決のための具体的なアクション**
・自分の力の限界を悟り、元教え子に対して「タスケテ」を使う
・自分が卒業生とつながっていない場合は、つながっている教員にお願いする
・卒業生を信じて任せる（少々の失敗はカバーする）

開発者:ジョビ

26 教員
Co-Workers

▶ キー・フレーズ

「お前のもの（知識）は俺のもの
俺のものはお前のもの」
by シャイアン

▶ 資質・能力の概要

・自分にないものをもっている仲間
（言い換えると、あなたは他人にないものをもっている"仲間"）

・ここで戦っている（？）のはあなただけじゃないんだよと、肩をたたいて教えてくれる仲間

第4章 つながり

▶ **学校や教師が直面している課題状況**
・一人でがんばりすぎて、壁にぶち当たったり、次の一手に迷ったとき
・自分がしていることに対して、客観的な意見が欲しいとき
・「3人寄れば文殊の知恵」になりそうなとき
（自分だけではどうにもならなくなったとき）

▶ **課題の根本にあるマインドセット**
「自分の仕事を人に振ったらあかん」
「あの人も忙しそうやから、頼まれへんわ」
「私とは教科／やり方が違うから、助言を求めても参考になるかなぁ」

▶ **解決のための具体的なアクション**
・普段から雑談程度に今の自分の仕事を話しておく
・職員室でアンテナを張ることを意識する。いざというときにどなたにお願いするか、おのずと見えてくる。（逆に言えば、あなたがもっている知識は、もしかしたら他の人が喉から手が出るほど欲しい知識かもしれない）

開発者:チョコホリック

27 行政
Educational Administration

▶ キー・フレーズ

　　　　学校を支援するのが行政の役割
　　　　学校の実情に合わせた対応が必要
　　学校にできることは限界があるので、そこは行政の出番

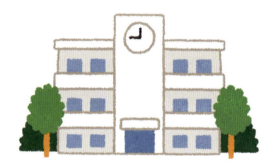

▶ 資質・能力の概要
- 行政とは、国では「文部科学省」、市区町村では「市区町村教育委員会」や「市区町村区役所」など
- 教育内容や教育政策など様々なことが業務
- SC（School Counselor）や SSW（School Social Worker）は「チーム学校」の一員

第4章 つながり

▶ 学校や教師が直面している課題状況
- めまぐるしく変わる社会状況、多種多様な課題に学校だけでは対応できていないとき
- 学校の課題解決に向けて悩んでいるとき
- 人手不足のとき
- 教員のインセンティブをうまく引き出せていないとき
- 専門的なアプローチが必要なとき

▶ 課題の根本にあるマインドセット
「行政にできることは限られているやろ」
「平等ではないやろう」
「どうつながったらいいのかわからへん」

▶ 解決のための具体的なアクション
- 教職員研修会を実施するように依頼する
- 研究支援事業に応募する
- 管理職・専門スタッフなどの人材確保を依頼する
- 管理職に相談し、外部リソースとの連携を図る
- SC は、教師自身もカウンセリングを受ける

開発者:きっちょん

28 企業
Company Helps School

▶ キー・フレーズ

　　企業は、各分野の専門家

　　有益な教育資源を活用しよう

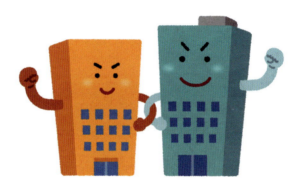

▶ 資質・能力の概要
・企業とのつながり
・企業が教育のリソースとなるようにコーディネートすること

第4章 つながり

▶ **学校や教師が直面している課題状況**
・自分の専門外のことを教えなくてはならず、「どうやって教えていいかわからへん」と感じたとき
・企業に手を借りれば、更に質の高い学びを子どもに提供できるとき
・学校では、手に負えない専門的な内容であるとき

▶ **課題の根本にあるマインドセット**
「全て自分たちで準備すれば、やっていける」

▶ **解決のための具体的なアクション**
・どの学習内容に、どんな人材がいるか、常にアンテナを張っておく
・地域の企業などとは、普段から連絡をとっておく

開発者:しんちゃん

29 コミュニティ
Community

▶ キー・フレーズ

誰かとつながることが
世界を広げ
アイデアを深めてくれる

▶ 資質・能力の概要
- 「あなたは、最も一緒に過ごす時間の長い5人の友達の平均になる」（Jim Rohn の言葉）
- よりよい見本でいるために学び続けることは、必要不可欠であるが、自分一人では難しいため、誰かと関わろうとする姿勢をもつこと
- より多くのコミュニティに所属することは、自立するためには不可欠
- 自分のコンフォートゾーンを飛び出して、新たなつながりをつくること

▶ **学校や教師が直面している課題状況**
- なんとなく自分の実践のマンネリを感じているとき
- 周りに面白い人がいない気がするとき
- 新しい取り組みをしてみたいけど、アイデアがなかなか見つからないとき
- 助けてもらう場所があまりない気がするとき
- 自分の視野や力量を広げるきっかけがほしいとき

▶ **課題の根本にあるマインドセット**

「自分なんてそんな集まりに参加するほどの人間ではないから」

「自分には何もないから、参加したらいけないんじゃないか…」

▶ **解決のための具体的なアクション**
- まずは、教育系のイベントにオンラインで参加してみる
- 教育系のイベントに対面で参加してみる
- 教育系からビジネス系までいろいろなイベントに参加してみる
- 趣味や好きなことでのつながりをつくる
- 名刺をつくって、つながりをつくる

開発者:みっちぇる

30 小中高大
Educational Continuity [Integration] from Primary Through College

▶ キー・フレーズ

連続性をもって
「子どもを共に育てていこう！」
という大きなビジョンをもつ

一貫性をもった教育をすれば
教育にかかる労力の総量は減る

▶ 資質・能力の概要
・コミュニケーション力
・校種間に生じる葛藤を解決する力
・相互に連携したリーダーシップ
・校種の役割を明確化する力

▶ 学校や教師が直面している課題状況
・他校種と連携する慣習がないとき
・課題研究等で、研究のフィールドを広げたいとき
・新たな刺激が欲しいとき

▶ 課題の根本にあるマインドセット
「ただただ面倒くさい」
「労力に見合う効果はない」
「先方も忙しいので気をつかう」

▶ 解決のための具体的なアクション
・社会人や国際人に求められる力を、社会人が直接伝えるフォーラムを開催する
・小中高大それぞれに対しても、職業別講演会等を行う
・文化祭などで小中高大（全ての校種でなくてもよい）の連携イベントを企画する

開発者：ジョビ

31 保護者
Parents and Guardians

▶ キー・フレーズ

　　保護者は最高のチームメイト

▶ 資質・能力の概要
・保護者と円滑に協働できるコミュニケーション力

▶ 学校や教師が直面している課題状況
・保護者対応がうまくいかないとき
・保護者懇談が不安なとき
・保護者が味方ではないと感じてしまうとき

▶ 課題の根本にあるマインドセット
「保護者も忙しいから、連携とかしづらいな…」
「子どもの相手は得意やけど、大人の相手は苦手やな…」
「最近の保護者はクレームが多いな…」

▶ 解決のための具体的なアクション
・保護者は、「子どもの成長」という共通の目的をもつ同志であることを念頭に置く
・普段から保護者の思いを意識しながら、子どもの指導に従事する
・普段から子どもの様子をしっかり観察し、メモしておく
・学校通信などで学級の様子を積極的に伝える
・保護者が大切にしているものを大切にする
・クレーム等はまず傾聴し、相手の考えを整理した上で、学校ができることとできないことを誠実に伝える

開発者:ジョビ

32 地域
Local Area

▶ キー・フレーズ

地域は教材の宝庫

地域の力を活かすのも学校の仕事

▶ 資質・能力の概要
- 地域とのつながり
- 教育のリソースとなるような地域とのつながりをもつこと

▶ 学校や教師が直面している課題状況
・学校の仕事が手一杯で、地域の手を借りたいとき
・ゲストティーチャーとして地域の人から話を聞きたいとき
・地域に住むその道の達人から本物の話を聞きたいとき

▶ 課題の根本にあるマインドセット
「地域の人の手を借りるのは甘えだ。自分たちで授業の内容を考えるべき」
「地域の人を招いて授業をするのは、しんどい」

▶ 解決のための具体的なアクション
・地域の行事に参加するなどして、普段から信頼関係を築いておく
・「地域の人材バンク」をリスト化して、連絡が取れるようにしておく

開発者:しんちゃん

領域

企画力

第5番目に設定した領域は「企画力」だ。

▶ 概論

学校での取り組みを組み立てる上で、何を考え、何に気をつけながら企画していくとよいのだろうか。

企画力とは、様々な学校での活動を考える上でのスキルやマインドセットである。

私たちは新しく企画するということをせずとも日々の業務を行うことができるほどに実践を積み重ねている。しかし、前例踏襲的に行う取り組みの多くは、企画した人物が不在になっており、目的が不明瞭なまま行われていることが少なくない。また、企画が立ち上がったときとは社会背景も異なり、子どもたちに必要な学びも変化している。そこで今の子どもたちにあった形の学びを企画し、実行していく必要がある。

そのために必要なスキルやマインドセットが、企画力の領域の8項目だ。

▶ **根本にあるマインドセット**

　前例踏襲で取り組みが行われていることがある学校は少なくないのではないだろうか？　そこで行われる議論は取り組みを進めるための手段に注視したものになっていないだろうか？　そのマインドセットでは、子どもたちの背景や学びの目的とは乖離した取り組みになっているかもしれない。

▶ **結論**

　よりよい学びを企画する上で、より学びを深めるために必要な視点として8つの項目を考えた。他者との関わりを意識した「Win-Win」、ゴール設定をより大きなものにした「大きな絵」、計画以上に大切なことを考えた思考法「デザイン思考」などが示されている。

33 WIN-WIN
WIN-WIN

▶ キー・フレーズ

　　　　視点を変えてみたら
　「あれ？　私にとっても得じゃない？」

▶ 資質・能力の概要
- 思い描いている授業や企画が、成功に終わるための多角的な視点
- 教師だけでなく、それを享受する側も happy になるような授業、企画を考えられる力

▶ **学校や教師が直面している課題状況**

- せっかくのよい取り組みが「利己的」や「暴走」と捉えられて、周囲の協力がうまく得られないとき
- 児童生徒のためにはなっているけれど、担当教員の負担が大きくなりすぎているとき
- 相手に気を遣って、同僚・企業・地域の方々などに協力を求めにくいとき

▶ **課題の根本にあるマインドセット**

「私や、うちの学校の都合に、よそ様を巻き込むわけにはいかんよなぁ」

「あなた、言い出しっぺでしょ？　頑張ってね」

▶ **解決のための具体的なアクション**

- その取り組みにより恩恵を受けられる人は誰なのかを、多角的な視点から考える癖をつける
- 実は、学校と関わることで、企業やNPOにもメリットが生まれる場合があると知る
- 「子どもたちのため、学校のため、そしてあなたのためにもなるのです」と納得できる説明を考え、一人でも多くの同僚や仲間を巻き込む

開発者:さかしぃ

34 出口を固める
Set Deadlines and Goals

▶ キー・フレーズ

背中を押してもらおう

仲間に、目標に

そして

「背水の陣」という状況に

▶ 資質・能力の概要

・締め切りやゴールの設定

・達成可能な道筋と、達成目標の設定と発表

・「後戻りできない」状況づくり

・周りを巻き込んだ「おおごと」化

第5章 企画力

▶ 学校や教師が直面している課題状況
- 「いつかやろう」で終わることが多いとき
- 他にやることがあるので、ついつい後まわしになってしまうとき
- 一人で企画して、知らず知らずのうちに企画倒れしていることが多いとき
- 「石橋を叩いて渡る」を意識しすぎて、ずっと叩いて進展しないとき

▶ 課題の根本にあるマインドセット
「まずやってみよ　ゴールを考えるのはあとあと」
「『逃げ道がある』ってことが安心やねん」

▶ 解決のための具体的なアクション
- ゴールに到達しなければ「やばい」状況を自ら設定する（無理は禁物）
- 企画をするときには、具体的で達成可能な道筋を考える
- 進捗状況を誰かに報告する or 確認してもらうようにする
- 「いつまでに」を決めて、何かしらの成果発表の場を先に段取りしてみる（してもらう）

開発者:さかしぃ

35 デザイン思考
Design Thinking

▶ キー・フレーズ

　　教員はもっとも共感的な観察者なので

　　あなたから生まれるアイデアを信じてみては？

▶ 資質・能力の概要
- 徹底的な観察（現場に浸る姿勢）での共感
- アイデアを考え、一旦形にしてみる
- 実際にとりあえずやってみるという思考での試作
- 検証して改善していくテスト

第5章 企画力

▶ **学校や教師が直面している課題状況**
・新たなアイデアを実行したいとき
・計画ばかりに囚われていて、計画されていないと行動できないとき
・現状を受けて最善の手があったとしても計画になく、新しいことであれば採用されないとき
・とりあえずやってみることに恐れがあるとき

▶ **課題の根本にあるマインドセット**
「完璧に計画されたことと、失敗しないことしか実行してはいけない」
「教育に挑戦は必要ない」
「挑戦して失敗するくらいならやらないほうがいい」

▶ **解決のための具体的なアクション**
・チームとして心理的安全性を高め、全員のアイデアを大切にし、挑戦できるチームとする
・「とりあえずやってみなはれ！」とベテラン層が発言してみる
・チームを信じてやってみる

開発者:みっちぇる

36 カリマネ
Curriculum Management

▶ キー・フレーズ

「みんな一緒に子どもたちを育てていこう！」
という大きなビジョンをもつ

一貫性をもった教育をすれば、
教育にかかる労力の総量は減る

▶ 資質・能力の概要
・全体を俯瞰する力
・マネジメント力
・コミュニケーション力
・相互に連携したリーダーシップ

第5章 企画力

▶ **学校や教師が直面している課題状況**
・他教科・他学年・他分掌と連携しようにも忙しくてどうしたらいいのかわからないとき
・課題研究などの探究活動がどうもうまくいかないとき
・子どもの資質・能力を大きな視点・スパンで育成したいとき

▶ **課題の根本にあるマインドセット**
「ただただ面倒くさい」
「労力に見合う効果はない」
「他の教員も忙しいので気をつかう」

▶ **解決のための具体的なアクション**
・カリキュラムマネジメントの前段階として、各教科、科目がそれぞれの授業において、「本質的な問い立て」を各単元の導入部で実施する
・カリキュラムマネジメントの成功例を見るなど、具体的に活動内容とメリット（子どもの変容）が想像できるような研修を行う
・以上のことを組織的に行えるような仕組み（分掌やプロジェクトチーム）をつくる

開発者:ジョビ

37 手段≠目的
I'm Asking About the Goal, Not the Method.

▶ **キー・フレーズ**

それって手段じゃないですか？

目的は何ですか？

▶ **資質・能力の概要**
- 前例踏襲の流れに負けそうになったときに、最も大切なことを思い出すための合言葉
- 手段の目的化は敵！

▶ **学校や教師が直面している課題状況**
- なぜかわからないけど使わないといけない ICT 活用授業実践つくりをしているとき

第5章 企画力

- 前年度踏襲の行事で、何のためにやっているかわからないままやり方のみの議論が進んでしまうとき
- 手段が目的化してしまっている状況について悩んだとき
- これは何のためにやっているのかわからないとき
- 変化を起こす際に誰かを説得するとき

▶ **課題の根本にあるマインドセット**

「前からそうやっているのだから、そのままやれば、まぁひとまずいいでしょ」
「使えって言われてるから、使っておけばいいんじゃないか」

▶ **解決のための具体的なアクション**

- 誰の何を変えるための行動なのかを明確化する
- 誰のため、何のために明確に設定して、その課題の解決のための取り組みとする
- これまでの取り組みを振り返り、その取り組みによって何にどのような変化があったのかを言語化する
- アイデアを考える際に、「これは手段なの？　目的なの？」と常に問い続ける

開発者：みっちぇる

38 大きな絵
Big Picture

▶ キー・フレーズ

　　　大きな絵が見えるとき
　　　もはやあなたは
　　　次の次元に存在する

▶ 資質・能力の概要
- 学校、学年、分掌などどのような組織であれ、リーダーとして、メンバーが見えていない「大きな絵・景色・展望」を見ようとする姿勢
- リーダーとして、常に一つ高い次元で状況を俯瞰する力

第5章 企画力

▶ **学校や教師が直面している課題状況**
・次から次へと生起する出来事や新たに対応すべき取り組みなど、目の前のことにのみ意識がいっているとき
・現状でも悪くはないが、もう一歩突き抜けたいとき
・学年や分掌などで、前例踏襲に陥りそうなとき

▶ **課題の根本にあるマインドセット**
「とにかく目の前のことを終えよう」
「次からは余裕をもって対応できるようにしよう」
「でも、気がつくといつも追われるように仕事をしているな」

▶ **解決のための具体的なアクション**
・一つ高い次元で、状況を俯瞰するトレーニングをする
（「一つ高い次元で見ると、どんなふうに見えるんだろうか？」と自問自答する）
・会議の冒頭で「大きな絵」を共有する機会をもつ
・「大きな絵」を見るのが得意な人を見つける

開発者:マッキー

39 リサーチ／ニーズ
Research & Needs

▶ キー・フレーズ

目的は何なのか？

どう調べるのか？

どう分析するのか？

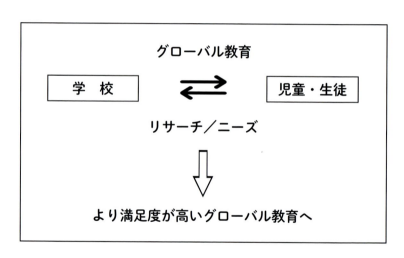

▶ 資質・能力の概要
- ヒト、モノ、カネなどを探るために行う、実践事例の調査や検証
- 子どもたち、教員などへの希望調査

▶ **学校や教師が直面している課題状況**
　・教員の実践知が不足しているとき（何ができる？　どこまでできる？　どうリサーチすればいいの？）
　・現在のヒト、モノ、カネをいかしてできることが限られているため、どこまでできるか検討するとき
　・学校間格差、学級間格差があるとき

▶ **課題の根本にあるマインドセット**
　「べつに無理してやらなくてもいいやん」
　「どうせ学校でやれることは限られているやん」

▶ **解決のための具体的なアクション**
　・「目的を決める」→「方法・調査対象を決める」→「質問項目を決める」→「調査用紙作成」→「リサーチ実施」→「回答を分析」→「結果報告」→「振り返り」の流れで実践する
　・外部資源も活用する

開発者:きっちょん

40 ユーモア
Humorize Your Lessons

▶ キー・フレーズ

楽しい授業 ≠ 悪い授業

悪い授業 ＝ 身につかない授業

▶ 資質・能力の概要
- 勉強は楽しいことなんだという意識づけができる授業
- 授業に少しでも笑いを

▶ 学校や教師が直面している課題状況
- 一人オンステージな授業が生徒からブーイングを受けているように感じるとき

- 難しい内容を、わかりやすく＋興味を引く内容にしたいとき
- 大学入試が終わっても、「もっと勉強したい」という思いを引き出したいとき

▶ **課題の根本にあるマインドセット**

「ここは難しい単元やから仕方ない」

「最近の生徒は集中力がない、ゲームぐらいしか集中力続かへんしなぁ」

「今時の生徒は試験のためだけに勉強して、そこからもっと知ろうという気持ちがない」

▶ **解決のための具体的なアクション**

- 自分がこの教科・科目を専門にしたのはなぜか、なぜそれに興味をもったのかを思い出し、それが生徒に伝わるような授業を考えてみる
- 「教科書を使って教える」を発展させる
- 文字を読んで理解するより、映像のほうが理解できるのかもしれない。ICTを使った授業も視野に入れる
- 同僚と協力して、授業を組み立てる(授業担当以外の知っている先生が出てくると、生徒もうれしい)
- 「笑いを取る」「生徒にうける」ことを目的にしない

開発者:チョコホリック

領域

人間性

第6番目に設定した領域は「人間性」だ。

▶ **概論**

世界が予想を超えるスピードで変化していることは、今日誰もが実感している。社会においても働き方やキャリアに対する考え方、価値観も、すっかり多様化した。同様に教育の世界も大きな変革期を迎えている。

▶ **根本にあるマインドセット**

そのような大きな変化の流れに翻弄されながらも、前向きにもがいているのが現在の教師ではないだろうか。その教師の姿の根本にあるものに迫っていくと、そこに見えてくるのは、例えば「教師は完璧でなければならない」「自分ができないのは、自分の能力が低いからだ」「とにかく周囲から期待されていることをやっていたら何とかなるだろう」「またひとつお荷物を背負うようなことはしたくない」「出る杭は打たれるのではないか」「コロナ禍で学校を取り巻く環境も変わり、対応しきれていない」といったマインドセットだったのだ。

▶ **結論**

　そこで、こういったマインドセットを切り拓いていくために「グローバル教師」ならどのような資質・能力が必要だろうかと議論してたどり着いたのが、「タスケテ」「アイデンティティ」「自他尊重」「限界を決めない」「自己肯定感」「根拠のない自信」「柔軟性」「マインドフルネス」だった。これらは非認知能力であり、授業や学級を担う教育実践者としてだけでなく、21世紀型の教育をマネジメントしていく学校組織者としての土台ともなると考えている。

41 タスケテ
I Need You!

▶ キー・フレーズ

強みを差しだし、弱みを助けてもらう

タスケテもらうことは、いいことだ

強みを差しだすことで、強みは強くなる
弱みを助けてもらうことで、弱みは弱くなる

チームが強くなる合言葉「タスケテ！」

▶ 資質・能力の概要
・チームで協働するとき、強みを差しだして、弱みを助けてもらう相互依存の関係を構築する合言葉
・自尊感情が高いほど、声に出しやすい言葉

第6章 人間性

▶ **学校や教師が直面している課題状況**
- （やんちゃな子どもたちに手を差し伸べたり、授業で子どもたちのポテンシャルを引き出すときに）これ以上は自分一人の力（知識やスキル、能力）では前に進めないと、限界や無力さを感じるとき
- ゴールを目前にして、力尽きそうなとき
- 同僚が忙しそうで余裕がないと感じ、伝える勇気がないとき
- 同僚の人間性を鍛えるとき
- チームを強くするとき

▶ **課題の根本にあるマインドセット**
「教師は完璧でなければならない」
「教師は何でも自分一人でできなければ、子どもや同僚や管理職から信頼されない」
「自分ができないのは、自分の能力が低いからだ」

▶ **解決のための具体的なアクション**
- 人には「長所／強み」もあれば、「短所／弱み」もある。差しだしたり助けてもらったりすることにより、チームはつながりを強めていく
- 一度声にして言っちゃえ。その威力に驚くこと間違いなし

開発者：マッキー

42 アイデンティティ
Soul Finder

▶ キー・フレーズ

これだけは、絶対誰にも負けたくない

静かな闘志が燃える

アイデンティティは、全てを串ざしにする

▶ 資質・能力の概要
- 教師として、人として「絶対にこれだけは負けたくない」と強く願っていること
- 教師として、人として「これだけは成し遂げたい」と強く願っていること

▶ **学校や教師が直面している課題状況**
- 次から次へと生起する出来事や新たに対応すべき取り組みなどに追われて、徒労感がつのり自分自身を見失っているとき
- アクティブ・ノンアクションに陥っているとき（次から次へと予定はこなしていて、学校や組織の中でも重要なポストに就いているが、深まりを見いだせないとき）
- 教師として、担任として、リーダーとして軸が見いだせないとき
- 状況が混乱していて展望がもてないとき

▶ **課題の根本にあるマインドセット**

「実は自分が本当は何がしたいのかわからない…」
「とにかく期待されることをやっていたら、何とかなるだろう」

▶ **解決のための具体的なアクション**
- 時には自らを振り返り、メタ認知する機会をもつ
- チーム全員で自分史を作成するなどして、自分理解、他者理解、相互理解を進める機会をもつ
- 自らのアイデンティティを認識すると、同僚や子どもたちのアイデンティティにも着目するようになる

開発者:マッキー

43 自他尊重
I Love All

▶ キー・フレーズ

　　　自分のいいところ
　　他人のいいところの話し合い
　好きなところシャワーと「タスケテ！」
　自分がなりたい自分ビジョンへ向かって

▶ 資質・能力の概要

・自分を愛し、他人を愛することで自分の短所も長所も知ることができる力

第6章 人間性

▶ **学校や教師が直面している課題状況**
- 「僕なんかいらないんだ！」「あっち行け！」などと言ってしまい、クラスメイトからも「また言ってるわ」と見放されている子どもを見たとき
- 「自分なんて…」と感じるとき
- 授業に失敗したとき

▶ **課題の根本にあるマインドセット**
「自分は他人よりも劣っている」
「みんなよりできない」
「1対1で比べたときの違いが…」

▶ **解決のための具体的なアクション**
- 鏡の前で自分をほめる
- 「できた」ことを喜ぶ、失敗したことを反省はしても落ち込まない
- ほめあう
- 自分ビジョンに向けたアクションを取る
- 教師は他人を愛する仕事であり、他人を愛するためには自分を愛せないといけない

開発者:南（大阪教育大学元学部生　友情出演）

44 限界を決めない
Beyond the Border

▶ キー・フレーズ

　　限界を超えると、自由になるよ

▶ 資質・能力の概要
・見えないものを見すえて、一歩踏み出す力
・見えないものが見える力

▶ **学校や教師が直面している課題状況**

・現状に違和感を感じているが、次の一歩を踏み出す自信がないとき
・次のステージが見えているのに、一歩踏み出す勇気がないとき
・学年や分掌などで、大きな一歩を踏み出すとき

▶ **課題の根本にあるマインドセット**

「どうせ自分なんか、そんなことはできへんわ」
「これまでやったことがないことなんて、できるわけがない」
「限界を決めた方が、安心する」
「またひとつ新しいお荷物を背負うようなことは、手を出さない方がいいのでは」
「そもそも自分の限界まで力を出し切ったことがないような気がする」

▶ **解決のための具体的なアクション**

・自分の人生を振り返り、限界にぶつかっていた状況を思い出し、どのようにそれに対処したか整理する。そこから限界を決めない態度をつくるヒントを得る
・限界を超えている人を見つけて、モデリングする（まねる）
・見えないものに向かって一歩踏み出したとき、支援者が現れる

開発者:マッキー

第6章 人間性

45 自己肯定感
Self-Esteem

▶ キー・フレーズ

メタ認知能力を上げ
固定型マインドセットから
成長型マインドセットへ

▶ 資質・能力の概要
- （ただの自己愛ではなく）どんな自分も受け入れられる力
- 他人と比較するのではなく、ありのままの自分を認め、尊重し、自己価値を感じることができる心の状態

▶ 学校や教師が直面している課題状況
- 素直に自分の非を認められないとき

- 気持ちを切り替えられないとき
- 無力感に苛まれているとき
- 過去や未来にばかり囚われているとき

▶ **課題の根本にあるマインドセット**

「忙しくて仕事がまわせていない…」
「自分は悪くない」（自己肯定感が高い人はどんな自分も受け入れられるので周りのせいにしない）
「コミュニケーションが苦手だし」「優柔不断だし」
「行動力ないし」「ミスしてばっかりだし」
「意思が弱いし」「社会的地位が低いし」

▶ **解決のための具体的なアクション**

- もやもやしているものをすべて書きだし、「これが原因でもやもやしているんだな」とただ見守る
- 人の能力は変化するという事実を知り、失敗は無能の証明ではなく、成長の糧であると認識する
- 自分の好きなことに没頭する
- 「まいっか」と言ってみる
- 睡眠をきちんととる
- 運動する
- そもそも自己肯定感を上げようなどと思わない

開発者:ジョビ

第6章 人間性

46 根拠のない自信
Be Confident, Step Forward

▶ キー・フレーズ

「最初にあったのは夢と
そして根拠のない自信だけ
そこから全てが始まった」

by　ソフトバンクCEO　孫正義

▶ 資質・能力の概要
- 「このチームならきっとできるはずだ」とチームを信じる精神
- まず一歩踏み出したり、新しいことにチャレンジしたりすることを怖がらない勇気
- 「できる」とまず自分で信じることの大切さ

第 6 章 人間性

▶ **学校や教師が直面している課題状況**
- 特に新しい取り組みを始めるときに、「うまくいくかわからない」と不安になって、結局何もせず終わることが多いとき
- 学校の変革が進まないとき
- 自分の実践や発言に不安を感じるとき

▶ **課題の根本にあるマインドセット**
「出しゃばりすぎてはいけない」
「『謙虚さ』という美学を忘れたらあかんで」
「『出る杭は打たれる』のではないか？」

▶ **解決のための具体的なアクション**
- 行動力があることを「よし」とする職場環境をつくる
- 「謙虚さ」と「行動を起こさない」ことは違うということを認識する
- 「個」ではなく「組織やチーム力」をいい意味で過信する

開発者:さかしい

47 柔軟性
Flexibility

▶ キー・フレーズ

　　　柔軟性をもつほど
　　解決方法が増えていく

▶ 資質・能力の概要
・一つの価値観に固執せず、多様な価値観を幅広く受け止めることができること

第 6 章 人間性

▶ **学校や教師が直面している課題状況**
・経験を積んできて、自分の意見に固執するようになり、同僚の意見を受け入れなくなったとき
・自信満々の自分の指導について指摘され、自分の指導に固執するようになったとき

▶ **課題の根本にあるマインドセット**
「(自分は)(同僚は)(子どもは)こうあるべきだ」

▶ **解決のための具体的なアクション**
・多様な価値観に触れるために、多くの先生から話を聞く
・心身ともに余裕を保つために、休日は休養をとる
・平日も早く帰る
・先輩や同僚とよい人間関係を築き、よいことを素直に受け入れるようにする

開発者:しんちゃん

48 マインドフルネス
Mindfulness

▶ キー・フレーズ

あれこれあるかもしれないけれど
「今、この瞬間」だけに
意識を向けてみませんか？

▶ 資質・能力の概要
- 高ストレスな教師の仕事をこなす上で、自分の身体に思いを馳せ、心身ともに疲れ果ててしまうことを阻止するための"技"
- 大人のみならず、子どもたちのストレスフルな毎日を少しでも楽にすることができる力

▶ 学校や教師が直面している課題状況
- 多忙な状況で、自分を見失いそうになるとき

- イライラしている、不安だ、ストレスが多いと感じ、そのイライラが、児童生徒や同僚に向かってしまいそうなとき
- やりがいのある仕事だが、あまりに同時進行で起こる仕事が多すぎて、疲れが取れないとき
- 周りもみんなそのような状況で、自分のつらさを人に言いづらいとき
- 心のバランスを崩しそうになるとき

▶ **課題の根本にあるマインドセット**

「自分だけではない、みんな頑張っている」
「なんで自分だけこんなに仕事が多いのか、たくさんまわってくるのか」
「コロナ禍で学校を取り巻く環境も変わり、対応しきれない」

▶ **解決のための具体的なアクション**

- 今食べているもの、歩いていることなど、普段無意識にやっていることに意識を集中する時間をつくってみる
- 「雑念が出てきたな」「今こんなこと考えている」と気づくことがマインドフルネス。そんな自分をメタ認知する
- 静かな時間をつくる：先生には昼休みがない。少しでも「昼休み」や「休憩」を取り、静かな時間をつくることも大事なのではないか

開発者:チョコホリック

> 領域

言語力

第 7 番目に設定した領域は「言語力」だ。

▶ 概論
変化の激しい時代を生き抜くには、他者との協働が今後ますます重要になってくる。そして、他者とうまく協働するにはコミュニケーション力が不可欠であると言えるのではないだろうか。

▶ 根本にあるマインドセット
ただ、コミュニケーションがうまくいかない場面は教育現場においてもよく見られる。その根底にあるのは、例えば、以下のようなマインドセットがあるからではないだろうか。

「相手が自分の話を理解できないのは、相手の理解力が足りないからだ」
「自分は正しい。相手が間違っている」
「だから正してあげよう」
「自分は要点を拾って理解できている」
「外国語は自分には無理だから、外国語が必要な場面は外国語の先生に任せておこう」

第 7 章 言 語 力

▶ **結論**

　そこで、こういったマインドセットを変え、他者と協働するために、コミュニケーション力の中でもとりわけ「言語力」に着目し、「グローバル教師」なら、どのような資質・能力が必要だろうかと議論した。その結果たどりついたのが、「ナラティブアプローチ」「外国語力」「要約力」「伝える力」「聴く力」「説得ではなく納得させる力」「読む力」「書く力」だった。相手にただ情報を伝達したり受け止めたりするだけではなく、謙虚に互いの思いや考えを慮り、価値観を認め合った上で誤解なく伝え合うことこそが「言語力」だとし、上記の8つにまとめた。

49 ナラティブアプローチ
Narrative Approach

▶ キー・フレーズ

正義はただ一つではありません

あなたの正義と相手の正義は概して異なります

▶ 資質・能力の概要
①自分から見える景色を疑う
　（他者に意見が伝わらないのは当たり前と知る）
②自分と相手の間には溝があることに気づく
　（自分と相手には違いがあることを知る）
③溝の向こうを眺めて相手の振る舞いを観察する
　（相手がなぜ自分の意見を受け入れにくいのか分析する）
④相手を取り巻く対岸の状況を観察する
　（相手の状況を理解しようと観察する）

⑤向こう岸にいる自分を想像し、向こうから自分の方を見る
　（逆に相手の立場に立ったら自分がどう見えるのか想像してみる）
⑥溝に橋をかけられそうなところを模索する
　（2人の間に新しい関係性をつくるポイントを見つける）
⑦溝に橋をかけてみる
　（実際に話しかけて関係性を確認してみる）
①〜⑦を繰り返すこと

▶ **学校や教師が直面している課題状況**
・「なぜ生活指導部は〇〇なんだ、なぜ教務部は□□なんだ」「なぜ校長は予算だしてくれないんだ」「なぜこの人は言うこと聞いてくれないんだ」と感じてしまうとき

▶ **課題の根本にあるマインドセット**
「相手は自分とは違う人生を生きているということを忘れている」
「自分の真実と相手の真実は異なる場合があることを知らない」

▶ **解決のための具体的なアクション**
・新たな関係性を構築するための観察をする
・相手の立場と考えを知る努力をする

開発者：みっちぇる

50 外国語力
Foreign-Language Skills

▶ キー・フレーズ

「大量のインプット」と「こまめなアウトプット」

手続き的知識の獲得（自動化）

▶ 資質・能力の概要
・外国語で「聞く」「話す」「読む」「書く」力
・外国語とその背景にある文化を理解し、相手に配慮しながらコミュニケーションをとる力

▶ **学校や教師が直面している課題状況**
- とにかく外国語が身につかずに悩んでいるとき
- もっと外国語のネイティブスピーカーと深い話がしたいと感じるとき
- 自分の専門教科を外国語で授業したいとき

▶ **課題の根本にあるマインドセット**
「受験勉強は悪」
「結局は留学しないと無理や」
「外国語は子どもの頃にしか身につかん」

▶ **解決のための具体的なアクション**
- 理解可能なコンテンツを大量に聴いたり読んだりする
- シャドーイングや音読をくり返し、自動化を促進する
- アプリを使ってみるなど、自分に合った外国語学習法を見つける
- 外国語の文章を聴いたり読んだりしてインプットする際、間違えてもいいので外国語で要約や感想などのアウトプットをこまめにする
- スポーツや楽器のように、身につくには時間がかかることを理解し、粘り強く、楽しみながら外国語と付き合う

開発者：ジョビ

51 要約力
The Ability of Focusing

▶ キー・フレーズ

　　この場面の本質は何だろう

▶ 資質・能力の概要
・話し言葉や書き言葉から、伝えたい本質を見抜く力
・本質をストーリーとキーワードで伝える力

第 7 章 言語力

▶ 学校や教師が直面している課題状況
- 学年会や職員会議など各種会議で、発言が長くなり、結局何が言いたいのかわからないとき
- 授業でも、スライド資料でも、情報が多くなってしまい、結局何が言いたいのかわからないとき
- 会議を短時間で集中して進めたいとき
- 話が核心に迫らずに、周辺をぐるぐるとまわっているとき

▶ 課題の根本にあるマインドセット
「考えがまとまらないけど、言い始めたら何とかなるやろ」

「こんなに一生懸命に説明しているのに、何でみんなは退屈そうなんかな」

▶ 解決のための具体的なアクション
- 日頃から、本や新聞を読み、語彙力を高める
- 日頃から、「この人は、この文章は、何が言いたいのか」を常に考え、要点を掴む
- 日頃から、読書した本や受講した研修などの内容や感想をノートにまとめる

開発者:マッキー

52 伝える力
The Ability of Getting Something Across to Even a Little Kid

▶ キー・フレーズ

小学生がきちんと理解できるような説明をする

相手の世界の住人になる

▶ 資質・能力の概要
- 誤解なく理解してもらえる力
- 難しい内容であっても理解してもらえる力

▶ **学校や教師が直面している課題状況**
　・自分の説明が伝わらないとき
　・相手に理解してもらうのが困難なとき
　・多忙のため、傾聴できずに言葉をかぶせてしまうとき

▶ **課題の根本にあるマインドセット**
　「理解できない相手が悪い」
　「忙しいから理解力のない人とは極力関わりたくない」

▶ **解決のための具体的なアクション**
　・自分が普段教えている児童生徒よりも低年齢層へ説明する機会をもつ
　・相手が理解できないときはいかなる場合であっても、自分の力量不足であると捉える
　・普段から「なぜ？」と自問自答し、本質的な理解をめざす

開発者:ジョビ

53 聴く力
Active Listening Skills

▶ キー・フレーズ

「思い違いをすることはある！」という意識

「この人に話をしたい！」と思わせる

▶ 資質・能力の概要
- 集中力
- コミュニケーション力
- 想像力
- 相手の発言の真意を捉える力

▶ 学校や教師が直面している課題状況

- 多忙のため、傾聴できずに言葉をかぶせてしまうとき（仕事ができる人にも多い）
- 理解力不足によるミス・コミュニケーションが生じているとき
- 自分は相手の真意を理解していると思い込んでいるとき
- 良好な人間関係を構築したいとき
- 重大な課題や事象を取り扱っているとき

▶ 課題の根本にあるマインドセット

「この人、話すスピードが遅くて時間がとられるわあ」

「この人の認識は間違っとる」

「自分は要点を拾って理解できる」

▶ 解決のための具体的なアクション

- 相手が話しているときはいったん作業を止める
- 「相手の真意は何か」を常に意識し、自分の判断を疑う
- 相手の真意をジェスチャーや表情で受け止める
- 「聴く」という字にあるように、耳で、目で、心できく

開発者:ジョビ

54 説得ではなく納得させる力
Agreement Is Better than Persuasion

▶ キー・フレーズ

　　単線型思考から複線型思考へ

　　主体的・対話的で深い納得

▶ 資質・能力の概要
- 意識を自分ではなくて相手に向けることができる力
- 相手（何を考えているのか、どんな背景をもっているのか、強みは何か、弱みは何かなど）を理解した上で、それに寄り添い言葉を紡ぎだすことができる力
- 相手を対話的・主体的に深い気づきに導く力

第7章 言語力

▶ **学校や教師が直面している課題状況**
・白か黒かの二元論に陥っているとき
・解が一つではない時代に、教師が慣れていないとき
・議論が空まわりしていて、本質的な議論をしたいとき

▶ **課題の根本にあるマインドセット**
「教師のいうことは、絶対的である」
「教師は、上から目線で話して当たり前」
「自分は正しい、生徒は間違っている」
「だから、正してあげよう」

▶ **解決のための具体的なアクション**
・納得に導くための、語彙やアプローチを研究する
・学校の中にある、あらゆる機会に自らを振り返り、（先生が）説得するのではなく（子どもを）納得させるという視点をもつ

開発者:マッキー

55 読む力
Read It and then Feel It!

▶ キー・フレーズ

「考えるな、感じろ！」

（出典：ヨーダの言葉　スターウォーズ『エピソード４：新たなる希望』）

言葉の向こうにあるものって何だろう

文系だけでなく理系の授業でも
読む力がないと何も始まらない

▶ 資質・能力の概要

・目に見えないものを観る力

・言葉の表現の奥にある本質をつかむ力

・文系、理系に関わらず、文章の内容を的確に把握する力

・読み取った内容を、全体の文脈の中に落とし込む力

第7章 言語力

▶ **学校や教師が直面している課題状況**
・会議や授業のグループ活動などで、言葉だけでは相互理解が深まらないとき
・子どもたちや保護者、同僚が、何らかの事情で本心を言い出せないとき

▶ **課題の根本にあるマインドセット**
「言わないのは、相手の責任。悪いのは私じゃないわ」
「じれったいなぁ。何でズバッと言わないんだ」
「コミュニケーションがいつもビミョーにずれてる。でも、まあいっかぁ」
「どうせあいつにはわからないだろう」

▶ **解決のための具体的なアクション**
・本を読み、要約し、記録し、語彙力を増やす
・理解できない言動にであったときは、考える
・言動を超えた、相手からのメッセージは何だろうかと考える

開発者:マッキー

56 書く力
Output

▶ キー・フレーズ

　　　自らの全ての力を総動員せよ！
　　　それが書くということだ

　　文章として残すことは、一生の宝

▶ 資質・能力の概要
・思考力、理解力など全ての力を動員して、自分の意見をまとめる力

第 7 章　言語力

▶ **学校や教師が直面している課題状況**
　・意見を文章化し、発信し、みんなに伝えたいとき
　・理系の授業で、内容把握のミスをなくしたいとき
　・論理的思考力を身につけたいとき

▶ **課題の根本にあるマインドセット**
　「書くことは、むずかしい。私にはできない」
　「あの人には文才があるけど、私にはあるわけがない」
　「書く力を伸ばすには、かなりの時間がかかるだろう」

▶ **解決のための具体的なアクション**
　・自分の読書ノートをつくる
　・クラスや学校で、書く力の育成に全員で取り組む
　・学校や家庭や地域で、本のある風景を創りだす
　・ビブリオバトルなど、参加したくなるようなコンテストに誘う

開発者:マッキー

領域 環境づくり

　第 8 番目に設定した領域は「環境づくり」だ。

▶ 概論
　社会の変化に伴い、必要とされる教育、そして教員の役割も大きく変化している。そのため、21 世紀以降の教員は、いわゆる「授業をする」だけに留まらない多岐に渡る役割を遂行することが必要となっている。それこそが、今多くの教員の前に立ちはだかる壁となっており、多くの教員の「負担感」や「多忙感」につながっているのだ。それらを解消したり、それらとうまく付き合っていくためには、職場環境の整備をはじめとした「環境づくり」が大切だ。

▶ 根本にあるマインドセット
　現職教員である私たちが目の当たりにしている多忙感の根底には「人に任せられない」「他者の仕事や授業に助言するなんて、滅相もない」などという教員間の雰囲気が原因になって生まれる孤立感や、「お金があったらできるけど…」「そんな ICT 機材、うちの職場にないわ」等のハード面での障壁。「現状維持で精いっぱい」「自己研鑽なんて、意識高い」という成長の機会の阻害などがあるように感じる。

また、「たくさん働いている先生が子ども思いの先生」という使命感や正義感からワークライフバランスが崩れてしまい、心身の健康も害する結果になってしまう同僚を見たことがある人も少なくないのではないだろうか。

▶ **結論**
　それらを少しでも緩和するため、私たちは「教員が今も、今後も働きやすくなるための『環境づくり』が大切ではないか」と考えた。それらを整備するための資質・能力として「心身の健康」「ゼニ」「ICT」「No残業」「心理的安全性」「(笑)」「学びの機会」「ユニバーサルデザイン」を上げている。子どもを側で支え育てる教員が、心身ともに健康で前向きに働き続けられるために必要なものが何か、議論を重ねた。これらを意識して行動することで、あなたや職場の方々の悩みを解消するヒントになれば幸いだ。

57 心身の健康
Mental and Physical Health

▶ キー・フレーズ

ゆとりをもつ

完璧を求めない

▶ 資質・能力の概要
- ストレスコントロール
- マインドフルネス(「今ここ」に集中する力)

▶ **学校や教師が直面している課題状況**
　・仕事にやりがいを感じなくなっているとき
　・雑多な業務にストレスを感じているとき
　・すぐに怒ってしまうなど、心に余裕がないとき

▶ **課題の根本にあるマインドセット**
　「たくさん働いている先生が、子ども思いの先生」
　「みんな忙しいから、助けを求められへん」
　「周り（他の先生や子ども）の評価が気になる…」

▶ **解決のための具体的なアクション**
　・睡眠を最優先事項にする
　・仕事の優先順位をつける
　・自分のスケジュールを手帳等で見える化する
　・整理整頓（コンピュータ、クラウド内も含め、ものを探す時間を極力なくす）
　・得意の仕事を引き受け、不得意な仕事をやってもらうなど、Win-Winな分業をする
　・「まいっか！」「何とかなるわ！」を口癖にする

開発者：ジョビ＆しんちゃん

58 ゼニ
Financial Support

▶ キー・フレーズ

　　なにわの教員は、ゼニの使い方、

　　よぅわかってんで！

▶ 資質・能力の概要
- 行動を起こすために必要な資金調達
- 管理職や事務への相談を含む「財」の調整
- 行政や企業と連携した金銭的な支援

▶ **学校や教師が直面している課題状況**
- 現状ある設備やある財のみで、取り組みをしようとしているとき
- 「お金がないから」と、取り組みを諦めるとき
- お金がある学校とお金がない学校の差が激しいと感じるとき

▶ **課題の根本にあるマインドセット**

「無いものは無い、しゃーないしゃーない」

「『自分からお金や財をゲットしに行く』なんて考えたことすらない」

「お金があったらできるけど、無いから無理や」

▶ **解決のための具体的なアクション**
- 資金を調達する。あるいは資金を調達することへのハードルを下げる
- 「大きい・楽しい・役に立つことの企画」を推進する
- 【課題分析→企画→（必要な物資・支援の調達）→実施】のシステムをつくる
- 必要な設備などを思いついたら、教科主任や管理職などに、積極的に相談する

開発者:さかしぃ

59 ICT
How to Expand the Use
of Information and Communication Technology

▶ キー・フレーズ

　　使う人が増えると、機材も増える

　　機材が増えると、使う人も増える

▶ 資質・能力の概要
- 最初は余計に時間がかかるかもしれないが、使えば時間短縮できるツール
- すでに使っている人からマンツーマン指導で、使い方を習得
- 使う人を増やして、機材の必要性をアピール

▶ **学校や教師が直面している課題状況**
- ICTを活用した教育を進めたいが、使える人が少ない（または自分が使えない）とき
- ICTを活用した教育を進めたいが、機材がないとき

▶ **課題の根本にあるマインドセット**

「使い方がわからない」

「モノがない。予算がない」

▶ **解決のための具体的なアクション**
- 使い方がわからない：使える人が簡単なところから教えてあげる。少人数で教え合いができると、使えない人は使える人に何度でも聞けるので、ハードルが下がり、使う人が増えてくる
- 機材がない：管理職にお願いして、予算を取ってもらう
- ICT教育関係のモニターに応募して、機材を入れてもらう
- 使う人が校内に増えると、管理職にも言いやすく、機材も入りやすくなる

開発者:チョコホリック

60 NO 残業
Go Home on Time

▶ キー・フレーズ

　　仕事よりも大切なことって
　　あるじゃないですか

▶ 資質・能力の概要
・仕事を断る力
・タイムマネジメントを正しく行い、仕事を的確にこなす力
・同僚との関係性を円滑かつ、円満に行うコミュニケーション力
・自分を大切にする気持ち

第8章 環境づくり

▶ **学校や教師が直面している課題状況**
　・降って湧くような仕事の量に目がまわる日々のとき
　・忙しいときに限って起こる生徒指導事案があるとき
　・先輩が帰らないので、帰りづらい空気のとき
　・夕方過ぎの同僚との雑談の心地よさを感じるとき

▶ **課題の根本にあるマインドセット**
　「だってみんな激務だ。ブラックだって言ってるんだもん」

▶ **解決のための具体的なアクション**
　・仕事とプライベートをしっかりと分けて考える
　・ひとまず定時になったら帰ってみる
　・タイムマネジメントを行い、実行する仕事ごとにどれだけの時間をかけるかを決めてから行う
　・しなくてよいことはいっさいやめる覚悟を決める
　・自分の本当に大切にしたいことに向き合ってみる

　　　　　　　　　　　　　　　　　　開発者:みっちぇる

61 心理的安全性
Psychological Safety

▶ キー・フレーズ

真の「居心地がよい場所」とは
「互いを尊重し合い、高め合える空間」だ

▶ 資質・能力の概要
- どんな発言をしても受け入れられる環境
- 同僚や管理職に対しても意見や助言が言い合える風土
- 互いを尊重し合える、高め合える関係性
- 自分は、組織／チームの一員として認められているという実感

▶ 学校や教師が直面している課題状況
- チームや仲間をよくするための発言がなかなか言えないとき
- 自分の意見が他の人の意見と違っていたら、失礼に当たらないか心配なとき
- みんなで一緒に成長していきたいとき
（同僚性を高めたいとき）

▶ 課題の根本にあるマインドセット
「他者の仕事や、授業に助言するなんて、滅相もない」
「意見や助言をしていたら『意識高い系』だと思われるのではないか」
「こんなこと言ったら、嫌われるんちゃうか」

▶ 解決のための具体的なアクション
- 信頼できる仲間を増やす。チームとして、そういう集団を増やしていく
- 対話型ワークショップについて学び、実践してみる
- 子どもの様子や、些細な相談など、周囲の教員との対話を増やすよう意識する

開発者:さかしぃ

62 （笑）
Welcome, Jokes!

▶ キー・フレーズ

子どもたちってネタの宝庫！

職員室も笑いの宝庫に！

▶ 資質・能力の概要

・笑っていてもいい、みんなが談笑している場づくり

・笑顔が絶えない職場、誰かに優しく微笑みかける余裕

・教員が楽しく仕事をすることによる子どもへの波及効果

第8章 環境づくり

▶ **学校や教師が直面している課題状況**
- 職員室の中に居場所がない教員がいるとき
- 仕事に追われ、雑談する余裕がない場面が多くなっているとき
- 「おしゃべりは悪。おい、仕事中だぞ！」という雰囲気があるとき
- 職員室に居づらいとき

▶ **課題の根本にあるマインドセット**

「あの人いつもへらへら笑っている。不真面目やなぁ」
「雑談している人がいると、仕事に集中できへん」

▶ **解決のための具体的なアクション**
- 机の上に物を積み上げない
- いつでも、何でも話してよい場をつくるため、堅苦しい雰囲気をぶち壊す
- 常に余裕をもつことを意識する
- 管理職、ミドルリーダーほど積極的にボケていくことで、場を和ませる

開発者：さかしい

63 学びの機会
Opportunities to Learn

▶ キー・フレーズ

　　外から学び、中から変える

　　そのきっかけづくりを

▶ 資質・能力の概要
- 校内研修の内容や機会の充実
- 大学院への進学や海外研修、他校視察などの豊かな情報提供

▶ **学校や教師が直面している課題状況**
- スキルアップしたいと思っても、うまくそのチャンスに巡り合えないとき
- 「この研修、去年も同じことしてなかった？」と感じるとき
- 他校の状況を参考にしたいとき

▶ **課題の根本にあるマインドセット**
「現状維持で精いっぱいやんなぁ」
「あの人、自己研鑽してはる。意識高いなぁ」

▶ **解決のための具体的なアクション**
- 他校視察や外部研修などの情報を、教員が常にキャッチしやすいよう開示しておく
- 「自分の悩み」の解決法を、学校の「外」にでも見いだせるよう意識する
- 校内研修の内容が、学校や教員の現状・ニーズに合っているか常に精査する

開発者:さかしい

64 ユニバーサルデザイン
Universal Design

▶ キー・フレーズ

　実は誰かの課題を解決するデザインは他のすべての人にとっても価値があることだ

▶ 資質・能力の概要
- 誰一人取り残さないためのデザイン
- 誰か一人のために行うことは、きっとみんなにとってよいことだ、という考え方
- 誰かの生きづらさや学びづらさは、社会的に生み出されている壁

第8章 環境づくり

▶ **学校や教師が直面している課題状況**
- 誰一人取り残さない学校にしたいとき
- みんなが過ごしやすい、みんなが学びやすい環境にしたいとき
- ざっくり全体のための計画やデザインをしてしまいがちなとき
- 全体の規律を重んじすぎて、困っている人のニーズに応えられないとき

▶ **課題の根本にあるマインドセット**

「いままで通りでいいのではないか？」
「時間がないから一人の課題のためには動きづらいのだけど」
「それって理想だよね」

▶ **解決のための具体的なアクション**
- 困っている人が何に困っていて、何が困らせているのかを知る
- 困っている人に聞いてみる
- 困っている人が困っていると言える関係を心がける

開発者:みっちぇる

第Ⅲ部

明日から使える
"64の資質・能力"
ワークショップデザイン

実録！ なにぐろワークショップ

　第Ⅲ部では、これまで校長・教頭研修や首席研修など、様々な研修会で、私たちが実際に行ってきましたワークショップ型の研修の内容について紹介します。対話形式で担当者が、実際の様子や手応えなどを場面ごとにまとめています。

デザイン図

	ワークショップの流れと事例
導入	**イントロダクションとアイスブレイクワークショップの目標の提示** 「せーのっ」でズバリ！お悩みマッチング!! 校内の先生に身につけて欲しい資質・能力の共有をカードで行う
インプット	**レクチャー①** エージェンシーの講義 マンダラの説明／テキストの見方
アウトプット	**対話のセッション①** 「自分が身につけたい資質・能力は？」
インプット	**レクチャー②** 勤務校での事例共有
アウトプット	**対話のセッション②** 「校内で資質・能力を育むためにできることは？」
まとめ	**リフレクション** 全体を通じてのまとめ、コメント、アンケートの実施

途中に寸劇を差し込むなど、対象となる参加者によって適宜内容は変更していますが、概ねこのような流れでワークショップを進行しています。

導入(アイスブレイク／せーのっ／目標提示)

導入(さかしぃ)

 研修の導入では、どんなことを意識されていますか？

 まず自分が楽しむことですかね。我々のチームのモットーが「まず笑い、それから考える」なので、導入がすごく大事なんですよ。一瞬で「今までの研修とは違うな」と感じてもらえるよう毎回意識しています。

 楽しい研修にはムードづくりが大切、ということですね？

 はい。ワークショップ型の研修なので、場の空気感がグループワーク等での学びの質に大きく関わると感じています。アイスブレイクの一環で実施しているゲームが、会場の空気づくりにおいて、大きな役割を果たしてくれています。

 ゲームですか？

 はい。チームメンバーで案を出して辿り着いた「『せ〜のっ』でズバリ！ お悩みマッチング！」というペアワークです。このゲームを実施する前と後では、会場の雰囲気はガラッと変わって「もう一回やりたい」と前のめりになる人もいるくらいなんです。

 なんだか楽しそうですね！
そのゲームを進行する際に気をつけたことは何かありますか？

 せっかく温まったその空気感を損なわないため、ゲームの回数、ペアでの意見交流の時間などを調整して、次のグループワークに上手くつながるよう工夫しています。その後のワークが盛り上がっているのを見ると、毎回ほっとしますよ。

導入(マッキー)

 導入でとくに心がけていることって何なんでしょうか?

 「今まで皆さんや学校が懸命に取り組んできた実践に、新たな教育の枠組みをかぶせるとどうなるでしょうか? 一緒に考えましょう」というメッセージが届くように心がけました。

 なるほど。でもなぜそのように考えているのですか?

 私たちチーム7名は全員が教育実践者です。受講生や所属校の背景は本当に多様ですが、社会からはブラックな仕事といわれるほど懸命に教育実践を積み重ねてこられたことと推察しています。そういう共感や尊敬、信頼が研修の土台となっているからです。

なにぐろトリビア① 「せーのっ!」

**「せーのっ」でズバリ!
お悩みマッチング!!**

① 8枚の資質・能力カードを使う**ペアワーク**です。
② 司会の「せーのっ」の合図で一斉に1枚のカードを指さしてください。
③ 指をさすのは「**自校の課題を解決するため、自校の教員にもっていてほしい資質・能力**」のカードです。
④ マッチングしたら**ハイタッチ**。1分程度で「**なぜそのカードを選んだのか**」について話し合って下さい。

なにぐろカードのよい使い方をメンバー全員で、某名古屋発の喫茶店で考えていたときに、さかしいの閃きで生まれたのが、この「せーのっ!」のアイスブレイクです。初対面同士でも打ち解けることができる、とっておきの導入です。

知る活動（生徒エージェンシー講義／実践事例／マンダラチャートの説明／テキストの見方）

マンダラチャート・BGM（マッキー）

 マンダラチャートって、どんなものなんですか？

 「マインドマップ」とか「マトリックス」のような考え方を整理する思考ツールの1つです。MLBで大活躍の大谷翔平が、高校1年生のときに野球部でつくったマンダラチャートで一躍有名になりましたね。

 今までに活用されていたことはありますか？

 学校で活用して、状況を前に大きく進めることができた経験があります。チームを結成してテーマを決めて中央に書き込むことから始めますが、64コマを埋めることよりも、作成する過程で情報が整理されたり、気づきがあったりすることこそが大事だと気づきました。ぜひ、一度挑戦してみてください。

 ところで、本当にBGMを流したんですか？

 そうなんです。ここぞっていうときには，本当に流しました！"We Are The World"とか"プレイバックPart2"とか。「何か普通の研修とは違うぞ」と感じてもらいたいという目的がありましたので。

 ワークとかでも流してたんですか？

 はい。ワークのときに雰囲気づくりもしたかったんですが、話し合いの邪魔にならない音量にすることを心がけました。でもときどき受講生の好きな歌を流してしまうことがあったりして…。違う意味で集中の妨げになったこともありました。選曲はプラス面とマイナス面を考慮に入れて、いつも細心の注意を払っています。

創る活動(ワークショップ①②)

グループワーク・寸劇(しんちゃん・チョコホリック)

グループワークのコーディネートをしんちゃんがされたんですよね。受講生の受け止め方はいかがしたか?

非常にポジティブですね。受講生同士で発表をしたり話し合いをすることで、新たな発見をすることが多く、それが自身の教育実践にも活かされていくと感じています。

なぜ研修では寸劇を取り入れようと思ったんですか?

直感的に理解してもらうためです。例えば「551ワークショップ」のように具体的な学校の課題を劇で表現することで、理論だけでなく、実際の教育現場の雰囲気や問題点を生き生きと伝えることができます。私は脚本をつくっていませんが。

寸劇を執筆されたそうですね。

はい。この研修は基本的には楽しいものなんですが、21世紀型の内容ということで、耳慣れない言葉が時々出てきます。そういったわかりづらい部分をわかりやすく説明するために、大阪弁多めの寸劇をつくってみることにしました。

なにぐろトリビア② なにわの「551ワークショップ」

　関西人なら絶対に見たことのある関西ローカルCMの1つが「551」の豚まんのCMで、多くの芸人が登場しています。「551の豚まんがあるとき、ないとき」のフレーズで、あるときは全員が幸せになっている様子が表現されています。そこで、このCMからインスピレーションを受け生まれたのが「551ワークショップ」です。資質・能力があるときと、ないときを劇で楽しく表現することにより、より実感することができます。

グループワーク・寸劇（しんちゃん・チョコホリック）

 実際やってみていかがでしたか？

意外と恥じらいもなくできました（笑）。予想以上にリアクションがよく、やっていて手ごたえを感じました。

 相方のしんちゃんはどうでしたか？

研修ごとに使える時間や内容が異なったため、毎回内容が少しづつ変わったんです。覚えるのが大変でした。

まとめ（最後の一言）

まとめ（きっちょん・マッキー）

 最後のまとめでは、どのようなことを心がけられたのですか？

マッキー先生と一緒に、研修のまとめを担当してきました。研修では、管理職だけではなく、様々な役職や立場の人が対象ですので、研修のプロセスを見取りながらフィードバックを考えていました。とくに労いの言葉は、自身の経験も踏まえながら伝えています。また、学生に対する大学の授業では、経験を踏まえ教師のやりがいも伝えるように心がけました。

研修当日（全体のまとめ）

まとめ（マッキー）

 研修のモットー「まず笑い、それから考える」は、どういった意味があるのですか？

 イグ・ノーベル賞からヒントをいただきましたが、固まっているマインドセットに笑いで揺さぶりをかけ、今までとは異なる視点で考えていただくことをめざしました。私たちにとってもそうなのですが、マインドセットを変えるのって、変化の本質的な部分で、抵抗感がでてくるものですね。

 変化の本質ですか…。

 でも、さすがベテランだなとうならせてくれる場面もあったんですよ。休憩時間の会話が聞こえてきたのですが、一旦マインドセットを書き換えられたベテランは、気づきや学びの深さやスピードは若手を凌ぐものがあることがわかりました！

なにぐろトリビア③　なにぐろカード誕生秘話

　テキストを活用した研修を進めていく上で、課題として挙がったのが、資質・能力の多さと情報量でした。より効率よく資質・能力を知り、自己理解や他者理解につなげていけるように、きっちょんの思いつきで始まったのが、なにぐろカード作成でした。ある振り返りの場で構想を具体化し、メンバー全員で検討を重ね、完成させました。今では、研修には欠かせないツールになりました。

研修外（テキストとカード）

テキストとカード（きっちょん）

 テキストとカードをつくられてんですね。プロも顔負けの仕上がりだと思うのですが、工夫されたこととかを教えてください。

 もともとは講義の成果物でした。成果を表現するためには、どのようなテキストがいいのかをひたすら考え、悩みながら作成しました。また、資質・能力が8領域あるので、ベースとなる色を変えながら読みやすいレイアウトを心がけました。メンバーが作成した素晴らしい中身があるので、シンプルなレイアウトでも、読みやすいものに仕上げることができたかなと思っています。

 テキストに準拠した64枚のカードもつくっちゃったんですね。なんかスゴイですね。

 実はカードは、ある研修の後、喫茶店で振り返りをしてたときに、閃きと妄想が形になったんです。メンバー全員でああだこうだと言いながら、一気に流れに乗って生まれたといってもいいかも知れません。新しいものを生み出すことって難しいかも知れませんが、このチームならバッチリです（笑）

研修（チョコホリック）

 受け身ではなく、主体的に学ぶ、という研修に参加された方は、どのような反応でしたか？

 確かに「研修」と聞くと、「話を聞き、教えてもらうもの」というイメージは強いと思います。実際そのようなことをアンケートに書かれた方もいらっしゃいました。
しかし、子どもに「主体的な学び」が求められているのなら、教員研修もそうシフトしていくのも自然な流れなのかなと思います。

研修（チョコホリック）

 具体的にはどのあたりが「主体的な学び」なんですか？

 講義を短くし、カードやテキストを使って自校の課題を考えてもらうことで、学んだ内容を「自分ごと」として捉えてもらえたあたりかなぁ。実際、受講された皆さんは積極的に話し合いをされ、研修終了後に「自校のことを考えるいい機会になりました」と感想を残されています。

 寸劇を取り入れたり、BGMまで流れていたし、本当に「今までにない研修」だったようですね。講義も短かったとのことですが、正直研修としてはどうなんでしょうか？

 事後アンケートの結果からも、ちゃんと成り立っていたと思います。

 そうですか、それは素晴らしい。ところで、うまくいった秘訣は何だったんでしょうね。

 学んだ内容を「自分ごと」として捉えてもらったことで、実りある研修と感じてもらえたこともありますが、チームメンバーが教職大学院で学んだ知識や理論の盤石さと、研修の内容を時間をかけてしっかり練ったことが一因だと思います。

 研修内容はどのように練られたのでしょうか？

 受講者のプロフィールや、研修で何を求められているかを吟味し、メンバー全員で意見を出し、総力戦でつくってきました。毎回の打ち合わせが「じゃ、前回と同じで」となることはありませんでした。メンバーの幅広い知識や実践経験があったからこそ、様々な内容の研修がつくられたのだと思っています。

代表者まとめ(マッキー)

 チームの代表として、研修の前や後でどんなことをしていたのですか?

 指導主事の方々など主催者側のスタッフとチームの協働をめざしています。というのも、研修を担当することが決まると研修前の打合せに入りますが、時間がかかります。従来型の研修ではないので、その分指導主事の皆さんからのご支援が不可欠だからです。それに私たちにはない経験知をもっておられ、ぜひそれを教えていただきたいと考えてもいたからです。

 終了後は、主催者のアンケートとチームの独自アンケートの結果をもとに、ともに振り返り、チームでPDCAをしっかりと回し、次につなぐことを忘れないようにしましたよ。

 ただ、指導主事の皆さんも追われるように仕事をしておられるので、じっくりと振り返りができたかというとそうはいかないことが多かったように思います。最初の打合せのときから、振り返りの時間を設定しておくといいかも知れませんね。

 最後にチームのモットーを教えてください。

 はい、次の3つです。
1、多様な価値観が渦巻く正解のない時代を、主体的に生きようとする教師を支援しよう。
2、まず笑い、それから考える研修を提供しよう。
3、支援したり、提供しながら、チームも成長しよう。

参考になる文献

第1章　21世紀型スキル

- 茂木秀昭、『こどもロジカル思考』、カンゼン、2021【論理的思考力】
- 細谷功、『「具体⇄抽象」トレーニング』、PHP研究所、2020【論理的思考力】
- J.B. Askew, *Pros and Cons*, Routledge, 1896【論理的思考力】
- S.M. サウスウィックら、『レジリエンス：人生の危機を乗り越えるための科学と10の処方箋』、岩崎学術出版、2015【レジリエンス】
- 井庭崇、『クリエイティブ・ラーニング：創造社会の学びと教育』、慶應義塾大学出版、2019【創造性】
- デイヴィッド・ケリーら、『クリエイティブ・マインドセット 想像力・好奇心・勇気が目覚める驚異の思考法』、日経BP、2014【創造性】
- 奥村晴彦、『基礎からわかる情報リテラシー』、技術評論、2020【情報リテラシー】
- 木村尚義、『ずるい考え方』、あさ出版、2011【ラテラルシンキング】

第2章　指導力

- 安斎勇樹＆塩瀬隆之、『問いのデザイン：創造的対話のファシリテーション』学芸出版社、2020【問いのデザイン】
- 安斎勇樹、『問いかけの作法』、ディスカヴァー・トゥエンティワン、2021【問いのデザイン】
- CULTIBASE、https://cultibase.jp/【問いのデザイン】
- 中田豊一、「対話型ファシリテーションの手ほどき」、ムラのミライ、2015【メタファシリテーション】
- 宇田川元一、「他者と働く」、ニューズピックス、2019【メタファシリテーション】
- ケネス・ガーゲン、「現実はいつも対話から生まれる」、ディスカヴァー・トゥエンティワン、2018【メタファシリテーション】
- 堀田龍也ら、『学校アップデート　情報化に対応し整備のための手引き』、さく社、2020【個別最適化】
- 森時彦、『ファシリテーター養成講座』、ダイヤモンド社、2007【ファシリテーション】

第3章　アンテナ

- 齋藤孝、『小学校では学べない　一生役立つ読書術』、KADOKAWA、2017【読書】
- 吾峠呼世晴、『鬼滅の刃1巻』、集英社、2016【子どもの流行】
- 池上彰、『メディア・リテラシー入門』、オクムラ書店、2008【マスメディア】
- 佐渡島庸平、『観察力の鍛え方』、SBクリエイティブ、2021【観察】
- 日本俳句研究会 HP、https://jphaiku.jp/how/huekiryuukou.html【大人の流行】

第4章　つながり

- Bainbridge, *A National Interprofessional Competency Framework*, 2010【小中高大】
- WHO, *Framework for action on interprofessional education and collaborative practice*, 2010【小中高大】
- 松岡千代、『多職種連携の新時代に向けて』、日本リハビリテーション連携科学第14号、日本リハビリテーション連携科学学会、2013【小中高大】
- 他力野淳、『リクルートのすごいまちづくり』、SRRIカモメ地域創生研究所、2019【卒業生】
- 園部浩司、『ゼロから学べる！ファシリテーション超技術』、かんき出版、2020【企業】
- 藤原和博、『公立校の逆襲　いい学校を作る』、朝日新聞社、2004【地域】
- 村上祐介、『教育政策・行政の考え方』、有斐閣、2020【行政】

第5章　企画力

- 田村知子他、『カリキュラムマネジメントハンドブック』、ぎょうせい、2016【カリマネ】
- 田村知子、『カリキュラムマネジメント―学力向上へのアクションプラン―』、日本標準、2014【カリマネ】
- 松岡千代、『多職種連携の新時代に向けて』、リハビリテーション連携科学第14号、日本リハビリテーション連携科学学会、2013【カリマネ】
- 岸川茂、『マーケティング・リサーチの基本』、日本実業出版、2016【リサーチ／ニーズ】
- 末永幸歩、『13歳からのアート思考』、ダイヤモンド社、2020【デザイン思考】
- ハーバード・ビジネス・レビュー編集部、『デザインシンキング論文ベスト10 デザイン思考の教科書』、ダイヤモンド社、2020【デザイン思考】

- 釘原直樹、『グループ・ダイナミックス』、有斐閣、2011【大きな絵】
- 山口裕幸、『チームワークの心理学』、サイエンス社、2008【大きな絵】

第6章　人間性

- 今井真理、『教師のためのマインドフルネス入門』、明治図書、2021【マインドフルネス】
- ファデルら、『21世紀の学習者と教育の4つの次元』、北大路書房、2016【卒業生】【自己肯定感】
- ひろゆき、『1%の努力』、ダイヤモンド社、2020【柔軟性】
- 工藤紀子、『職場の人間関係は自己肯定感が9割』、フォレスト出版、2019【自己肯定感】
- 中島輝、『自己肯定感の教科書』、SBクリエイティブ、2019【自己肯定感】
- 山根洋士、『「自己肯定感低めの人」のための本』、アスコム、2020【自己肯定感】
- 田中滿公子、『はじめて教師になったあなたへ』、南の風社、2020【タスケテ】

第7章　言語力

- 廣森友人、『英語学習のメカニズム』、大修館書店、2015【英語力】
- 白井恭弘、『英語教師のための第二言語習得論入門』、大修館書店、2012【英語力】
- 池谷裕二、『記憶力を強くする』、講談社、2001【英語力】
- 白井恭弘、『英語はもっと科学的に学習しよう』、中経出版、2013【英語力】
- 門田修平、『シャドーイング・音読と英語習得の科学』、コスモピア、2012【英語力】
- 門田修平、『シャドーイング・音読と英語コミュニケーションの科学』、コスモピア、2015【英語力】
- 青谷正妥、『英語学習論』、朝倉書店、2012【英語力】
- 内田和俊、『仕事耳を鍛える』、ちくま書房、2009【聴く力】
- Kate Murphy, *You're Not Listening*, Celadon Books, 2021【聴く力】
- 三宮真智子、『メタ認知：学習力を支える高次認知機能』、北大路書房、2008【伝える力】
- 池上彰、『伝える力』、PHP研究所、2007【伝える力】
- 宇田川元一、「他者と働く」、ニューズピックス、2019【ナラティブアプローチ】
- 藤吉・小川、『『文章術のベストセラー100冊』のポイントを1冊にまとめてみた。』、日経BP、2021【書く力】
- ケネス・ガーゲン、「現実はいつも対話から生まれる」、ディスカヴァー・トゥエ

ンティワン、2018【ナラティブアプローチ】

第8章　環境づくり
- 中島聡、『なぜ、あなたの仕事は終わらないのか』、文響社、2016【心身の健康】
- ヨンゲイ・ミンゲール・リンポチェ、『今、ここを生きる』、パンローリング、2016【心身の健康】
- 青砥瑞樹、『BRAIN DRIVEN』、ディスカヴァー・トゥエンティワン、2020【心身の健康】
- 長谷部雅一、『いちばんやさしいキャンプ入門』、新星出版社、2020【プライベート】
- エイミー・C・エドモンドソン著、野津智子訳、『恐れのない組織』、英治出版、2021【心理的安全性】
- 石井遼介、『心理的安全性のつくりかた』、日本能率協会マネジメントセンター，2020【心理的安全性】
- 中島聡、『なぜ、あなたの仕事は終わらないのか』、文響社、2016【心理的安全性】
- 青砥瑞季、『BRAIN DRIVEN』、ディスカヴァー・トゥエンティワン、2020【心理的安全性】
- 大阪市役所HP、『大阪市におけるユニバーサル社会の実現に向けた取り組みについて』https://www.city.osaka.lg.jp/fukushi/page/0000539734.html【ユニバーサルデザイン】
- 阿部利彦ら、『人的環境のユニバーサルデザイン』、東洋館出版社、2019【ユニバーサルデザイン】

メンバー紹介

We are "Naniwa Global Teachers" in the making. Since students are facing many ups & downs in this VUCA Era, we DO hope to be the "Naniwa Global Teachers". Let's start together, all readers!

 荒木靖子　チョコホリック

　教職大学院の授業で学んだ言葉の中で、最も好きなのが「しなやかマインドセット（growth mindset）」だ。「やればできる！」、たとえ想定外のことが起きても、前向きに捉えてしなやかに対処していくことができる力、と私は認識している。このチームは、研修や合宿を重ねるたびに、その「しなやか」度がどんどんアップしていると感じている。

　チームの一員として研修準備を行う中で、64の資質・能力を再確認するのはもちろん、教職大学院で学んだ授業内容の学びなおしや、新たな知識を手に入れることができた。また、研修で管理職からミドルリーダーの方々まで、それぞれの立場での多様な考え方に触れる機会があったからこそ、多角的な視点でものごとを考える大切さを再認識した。おそらく私の「しなやか」度もアップしたはずである。

　大学院の授業が始まった当初は、研修や学会発表をするような未来が待っているとは思いもしなかった。実はこの「行き当たりバッチリ」チームへのお誘いを受けたときは少しだけ参加を迷ったのだが、こんな機会2度とないかもと思い、えいやっと参加した自分をほめてあげたい（笑）。素敵な未来を見せてくださったパワフルな田中先生と個性あふれるチームの皆さんに感謝する。

Profile　荒木靖子（ARAKI Yasuko）
福岡生まれ大阪育ち。2000年より大阪市立・府立高校英語科教諭。現在3校目。現在は大阪府立都島工業高等学校教諭。

北谷晃久　きっちょん

　学べば学ぶほど、「グローバル教育」の魔力にはまっていった。学校現場の実態を踏まえ、いかにして推進していくことができるかを、講義を通していろいろな角度で迫ることができた。そして、このメンバーは本当にすごい人ばかりである。知識だけではなく、なにより志が素晴らしい！　お互い高め合いながら学んだ貴重な時間であった。

　きっかけは、教職大学院の講義であるが、素晴らしい田中先生のイニシアチブのもと、大学院を超越して継続できていることは、大きな財産である。研修や講義の講師をはじめとして、学会発表や、この変化し続けるテキストの開発。挙げればきりがないが、どれもこれもこのメンバーだからこそ、ここまでこれたのだ。

　そして、メンバーそれぞれが、敬意を払いながらも気兼ねなく話し合いができていることが素晴らしく、心理的安全性の担保されている証拠でもある。常に前を見て進化し続ける限り、成長するチームであることは言うまでもない。

Profile　北谷晃久（KITATANI Teruhisa）
大阪府生まれ。民間企業、学習塾講師を経て 2007 年より大阪市小学校教諭として 2 校 12 年、大阪市教育センターで 2 年勤務。現在は、教頭として 3 年目。現在は大阪市立喜連西小学校教頭。

 古賀真也　しんちゃん

　私にとって、チーム「なにグロ」は特異な存在である。このチームには、小学校、中学校、高等学校、そして元大学教員といった様々な立場のメンバーが集まっている。それぞれの個性も際立っており、チーム全体をまとめてくれる教員や、普段は冗談を交えながらも、ここぞという時に鋭い意見を述べる教員、ユーモアで場を和ませてくれる教員、編集においてプロ並みの能力を発揮する教員などがいる。そのような多様なメンバーと共に、自然にプロジェクトに参加し続けているうちに、いつの間にか「グローバル教師に求められる資質・能力」をまとめた本が完成したという感覚である。

　よい作品を創り上げる過程は、直線的な進行ではなく、様々な個性が互いに交差しながら、行きつ戻りつしつつ進んでいくものであろう。この本の作成過程も時には寄

り道をしながらも、議論を重ねながら少しずつよいものが形作られていったように思う。

共に歩んできた特異なチームのメンバー全員に深く感謝するとともに、この本が、現場で悩む教員たちの実践を支える一助となれば幸いである。

Profile 古賀真也（KOGA Shinya）
2002年から大阪府で小学校教員として勤務している。熊本県出身で、元池田市教育委員会指導主事、大阪教育大学教職大学院修了者である。現在は池田市立五月丘小学校首席。

 阪下　司　**さかしい**

時を重ねるほどに、チーム内の心理的安全性が醸成されてきているように感じる。ミーティングや研修の際に、メンバーそれぞれの強みやよさが活かされており、「自分らしく活躍できる場」となっていることで、自分自身の自信や成長にもつながっている。

実施してきたワークショップ型研修の一つ一つが、私にとって大きな刺激になっている。多くの参加者が、自分の考え、経験、勤務校の現状や課題などを生き生きと話し合う様子を見て、ワークショップ型研修のニーズの高さを実感した。

また、「出しゃばらない」ことの大切さに改めて気づかされた。何かを教えたり、伝えたりする場ではなく、「個々人が気づき学ぶ機会を設定している」という自覚をしっかりともって研修を進められるようになってきた。この経験や気づきから、生徒自身が「教えてもらう」のではなく「自ら学んでいる」と感じられるような工夫を授業づくりに取り入れている（もちろん、道半ばだが）。

Profile 阪下　司（SAKASHITA Tsukasa）
大阪生まれ大阪育ち。生粋のなにわっ子。府立高校教諭として英語科を担当し9年目。現在は大阪府立富田林高等学校教諭。

里見拓也　みっちぇる

　「行き当たりバッチリ」というチーム名そのものが私たちのあり方だと実感する日々だった。大学院への入学時、自分たちでのテキストの出版や各地でのワークショップの実現は想像もしていなかった。まさに行き当たりバッチリ。

　そして、「人」としての関わりを互いに尊敬し合いながらできていた結果でもある。よりよいワークショップに、テキストにするためにそれぞれが本気で意見をぶつけ合ってきた。

　そんな38回にものぼる研究会と各地で行ったワークショップが私たちをしなやかに伸ばしてきてくれたように感じている。

　理論的に表現するなら心理的安全性や計画的偶発性理論などの言葉でいくらでも表現できるが、やはり、私たちは「行き当たりバッチリ」なのである。

　私たちは一人ひとりがそれぞれの場で培ってきた資質・能力を出し合いながら、この予測不可能な社会で、楽しみながら小さな種かもしれないが変化を生むことができたのである。この事実が私が教育を信じている理由であり、教育こそが世の中をよりよくする力なのだと感じさせてくれる。

　次なる一手も行き当たりバッチリになることを願って。

Profile　里見拓也（SATOMI Takuya）
GEG Ikuno 共同リーダー。大阪市学校教育ICT推進リーダー。
関西大学文学部を卒業後、大阪市立中学校に勤務し、10年目。プロジェクト型学習を通じた持続可能な社会を探究する人材の育成や、校内の心理的安全性を高める対話型ワークショップをデザイン・ファシリテートしている。子育て真っ最中の2児の父。中学生の頃から毎週教会に通うクリスチャン。写真とアートとクラフトビール好き。現在は大阪市立佃中学校教諭。

城台祐樹　ジョビ

　このチームは、まず代表の行動力がすさまじい。私も教員として自分の授業においては色々挑戦してきたが、他の教員を巻き込むような仕事においては大胆な挑戦はあまりできなかった。それはやはり、「失敗してはいけない」とか、「批判されたくない」といったマインドセットがあったからだ。しかし、このチームの代表はとにかくやってみる。周りを巻き込む。未完成でもどんどんやってみる。私は、この代表のすさまじい行動力から生まれる化学反応をたくさん目の当たりにしてきた。今のような変化の激しい時代においては、まずやってみて、試行錯誤しながらよりよい方向へ舵を切っていく方法が最良のように思う。

　また、このチームは心理的安全性が確保されている。発言が制限されず、新たなアイデアが生まれやすい。これまで大阪の教員の資質・能力の向上に寄与するために何ができるかをたくさん話し合ってきた。そして、多様な研修を実施することでそれらを伝える手段のバリエーションが広がってきた。今後このチームがどのような形に変化していくのかは予測できないが、常に成長し続けるチームであると信じている。

Profile　城台祐樹（JODAI Yuki）
　大阪府泉南市出身。民間企業を経て2010年より大阪府の高等学校外国語科（英語）教諭として2校10年、指導教諭として1校4年勤務。現在は大阪府教育センター指導主事。

田中滿公子　マッキー

　2022年3月メンバーが教職大学院を後にするときには、その後「行き当たりバッチリ」というチームを結成し、「新しい時代の教師に求められる資質・能力」をテーマに、現職教員や高校生・大学生対象に授業や研修を実施できるとは予想もしていなかった。ただ荒木さんと研究室で最後に話す機会があったとき「また何か一緒にできるといいね」と言い合って別れたときのことはよく覚えている。その言葉は形になり、その後の3年間でチームで実施した授業と研修は15回を超えた。その間日曜日の夜にオンライン研究会を38回開催し、毎回「今度の研修は、このワークでいいかな」「コントはこのテーマでお願いしようか」など真剣に話し合った。合宿も2回実施

した。国内外の学会発表にも 4 回挑戦することができた。

　振り返ると「授業が心から愉しかったこと」「メンバーが有能かつ愛される人間であること」「チームが人間性を大切にしていること」が、「原点」であり「秘訣」であると認識できた。私もチームも研修を重ねるたびに、チャレンジが手ごたえとなり、手ごたえが自信となっていった。チャレンジしてみたいことはまだまだ沢山ある。原点を忘れず限界を決めず、チームで挑戦し続けていくことができればと願っている。

Profile　田中滿公子（TANAKA Makiko）

三重県生。1976 年より三重県立高等学校及び大阪府立高等学校英語科教諭、教頭・校長、大阪府教育委員会教育振興室副理事を歴任。2015 年より大阪教育大学に 9 年間勤務。この間、附属天王寺中学校、高等学校の管理職を兼務。現在は守口市教育委員、認定 NPO 法人 Teach For Japan 理事、人材育成コンサルタント。著書に『はじめて教師になったあなたへ』南の風社 2016、共著『教育実践の物語を紡ぐ―実践研究 教師のライフコース―』一莖書房 2024。

連絡先
naniwaglobal@gmail.com

先生、あなたのきっかけここにあります！
──明日から使える"64の資質・能力"──

2025年3月11日　初版第一刷発行

著　者　田中滿公子（代表）
　　　　荒　木　靖　子
　　　　北　谷　晃　久
　　　　古　賀　真　也
　　　　阪　下　　　司
　　　　里　見　拓　也
　　　　城　台　祐　樹
発行者　斎　藤　草　子
発行所　一　莖　書　房
〒173-0001　東京都板橋区本町37-1
電話 03-3962-1354
FAX 03-3962-4310

印刷・製本／日本ハイコム　ISBN978-4-87074-270-3 C3037